18歳からはじめる

投資 の 学校

解きながら身につける！
知っておきたい投資の基本＆お金の常識

鈴木さや子
Suzuki Sayako

SE
SHOEISHA

本書内容に関するお問い合わせについて

このたびは翔泳社の書籍をお買い上げいただき、誠にありがとうございます。
弊社では、読者の皆様からのお問い合わせに適切に対応させていただくため、
以下のガイドラインへのご協力をお願いいたしております。下記項目をお読み
いただき、手順にしたがってお問い合わせください。

ご質問される前に

弊社WEBサイトの「正誤表」をご参照ください。これまでに判明した正誤や追
加情報を掲載しています。
正誤表 https://www.shoeisha.co.jp/book/errata/

ご質問方法

弊社WEBサイトの「書籍に関するお問い合わせ」をご利用ください。
書籍に関するお問い合わせ https://www.shoeisha.co.jp/book/qa/
インターネットをご利用でない場合は、FAXまたは郵便にて、下記"翔泳社 愛
読者サービスセンター"までお問い合わせください。
電話でのご質問は、お受けしておりません。

回答について

回答は、ご質問いただいた手段によってご返事申し上げます。ご質問の内容
によっては、回答に数日ないしはそれ以上の期間を要する場合があります。

ご質問に際してのご注意

本書の対象を超えるもの、記述個所を特定されないもの、また読者固有の環
境に起因するご質問等にはお答えできませんので、あらかじめご了承ください。

郵便物送付先およびFAX番号

送付先住所 〒160-0006　東京都新宿区舟町5
FAX番号 03-5362-3818
宛先 （株）翔泳社 愛読者サービスセンター

　皆さん、こんにちは。お金のことで困っている人たちの相談に乗ったり、難しいお金の話をわかりやすく伝えたりする仕事をしている鈴木さや子です。私にも18歳の子どもがいるので、皆さんのお母さんくらいの人なんだな、と思ってください。

　この本を手に取ってくれたということは「投資」に興味を持っている人ですね。とても嬉しいです。ありがとうございます。

　「お金があれば何でもできる……」ということはありませんが、やはりお金があれば人生の選択肢をより広げることができます。
　私はファイナンシャルプランナーとして多くの人の相談に乗る中で、「お金が足りないから欲しい家が買えない」「お金が足りなくなるから子どもは諦める」といった話を聞くことも少なくありません。「結婚式を挙げるお金が足りない」というものや「離婚したら自分1人の収入でやっていけるかわからない」というものも。このように人生の転機には必ずお金の悩みがつきまとうのです。

　お金を準備するときには、「銀行預金」が選択肢の一つとして最初に挙がるでしょう。しかし、これからの時代は「預金」だけだとものの値段が上がり、お金の価値が下がる「インフレリスク」が生じます。今は1万円で買えるものも値上がりして1万1,000円になったら、もう1万円では買えないですよね。このように同じ金額で同じものが買えなくなるリスクが「インフレリスク」です。
　ずっとものの値段が安いまま何十年もほぼ変わらなかったこの日本にも、インフレの波が来ています。2023年6月の全国の消費者物価指数（生鮮食品を除く）は前年の同月に比べて3.3％上昇しました[※]。去年の1万円が今は9,670円分の価値になっているわけです。

※出典　総務省「2020年基準　消費者物価指数　全国　2023年（令和5年）8月分」
https://www.stat.go.jp/data/cpi/sokuhou/tsuki/index-z.html

しかも、預金だけで準備していると年0.001～0.1％しか増やせません。お金が増えるスピードよりも物価が上がるスピードの方が速いわけですから、同じものが買えなくなってしまいます。そうならないようにする手段の一つが「投資」なのです。

　本書は、オリエンテーションと1～6限目、そして最後にオフィスアワーの8つの章に分かれています。投資よりも先に知ってほしいライフプランや社会保障、資産形成の基本から始まり、本題となる投資手段の具体的な解説に移ります。まずは大学で講義を受けている気持ちになって「オリエンテーション」から順番に読むことをおすすめします。それぞれの節では、紹介する内容に関連したクイズを出しているので挑戦してみましょう。クイズの次にある解説や下部の解答で答え合わせもすぐできます。また、各章の最後には「おさらい問題」があるので、参考書のようですが、マネーリテラシーが身についたかどうかの腕試しに、ぜひ全問正解を目指して頑張ってみてください。

　皆さんが投資というテーマを通して、これからの楽しい人生を考えてくれたら嬉しいです。Let's start the lesson！

ファイナンシャルプランナー
鈴木さや子

CONTENTS

本書内容に関するお問い合わせについて 2

はじめに 3

会員特典について 11

特典「ライフイベント表」って何?
自分の人生を中長期的に思い描いてみよう! 12

オリエンテーション

「これから」のお金の動きを
イメージしてみよう

01 ▶ 就職先が決まった!社会人になったら何が変わる? 18

02 ▶ 20代・30代・40代、どんなことがある? 20

03 ▶ 1人の子どもにかかる養育・教育費ってどのくらい? 22

04 ▶ 50代・60代、さらに働き方や収入はどう変わる? 24

05 ▶ これからやってくる老後の生活ってどんな感じ? 26

06 ▶ 入院するとどのくらいのお金がかかるの? 28

07 ▶ 公的年金って一体どんなもの?本当にもらえるの? 30

08 ▶ ライフプランって何? 32

おさらい問題
オリエンテーションのポイント 34

■ 教授からの一言メッセージ 36

1限目 / 資産形成の基本のき

01 ▶ 生活予備資金って何?貯金っていくらあればいいの? 38

02 ▶ 人生にはどんなリスクがある? 40

03 ▶ リスクにはどうやって備えればいいの? 42

04 ▶ 資産形成するのにしてはいけないこと 46

05 ▶ 投資の前に身につけるべき「稼ぎ力」 48

06 ▶ 資産形成するために支出はどうやって減らすの? 50

07 ▶ お金を増やす方法にはどんなものがあるの? 54

おさらい問題
1限目のポイント 58

教授からの一言メッセージ

2限目 / 投資の基本のき

01 ▶ 投資ってそもそも何? 62

02 ▶ 投資商品にはどんなものがあるの? 64

03 ▶ 暗号資産ってよく聞くけれど投資商品なの? 68

04 ▶ ローリスク・ローリターンってどういう意味? 70

05 ▶ 利回りと利率の違いは?実質利回りとは? 72

06 ▶ 単利と複利って何？ 74

07 ▶ 円安・円高って自分の利益に影響するの？ 76

08 ▶ 「一括投資」「積立投資」ってどっちがいいの？ 78

09 ▶ 積立期間とお金の増え方の関係を教えて！ 80

10 ▶ 少しでもお金が減るリスクを下げたい！
どうすればいいの？ 82

11 ▶ 投資するときってどんなコストがかかる？ 84

12 ▶ 投資すると親の扶養から外れちゃうこともあるの？ 88

13 ▶ 「特定口座」と「一般口座」どっちがいいの？ 90

14 ▶ 実際にやってみよう！〜口座開設〜 92

おさらい問題
2限目のポイント 94

■■ 教授からの一言メッセージ 96

③ 限目 / 投資をきちんと勉強！ 〜株式投資を知ろう〜

01 ▶ 投資っていったらやっぱり株でしょ！
一体どんな仕組み？ 98

02 ▶ いくらあれば始められるの？ 102

03 ▶ 株価ってどうやって確認するの？ 104

04 ▶ 株主になるとプレゼントがもらえるって本当？ 106

05 ▶ 「インサイダー取引」って何がいけないの？ 108

06 ▶ 株式を買う会社はどうやって選ぶの？ 110

07 ▶ IPO投資ってどういうもの?初心者にもできる? 114

08 ▶ Appleとか外国の株式って買えるの? 116

09 ▶ 実際にやってみよう!
〜株式投資の商品を選ぶ〜 118

おさらい問題
3限目のポイント 122

教授からの一言メッセージ 124

4 限目 / もっと投資を勉強!
〜債券投資を知ろう〜

01 ▶ 債券って一体何? 126

02 ▶ 債券投資でどうやって利益を得るの? 128

03 ▶ 債券投資にはどんなリスクとデメリットがあるの? 130

04 ▶ 債券の価格はどんなときに下がるの? 134

05 ▶ 株式投資とどうやって組み合わせたらいいの? 136

06 ▶ どんな商品があるの?どこで買えるの? 138

07 ▶ 実際にやってみよう!
〜債券投資の商品を選ぶ〜 142

おさらい問題
4限目のポイント 144

教授からの一言メッセージ 146

5 限目 / プロにお任せ！
～投資信託を知ろう～

01 ▶ 投資信託ってどんな仕組みになっているの? 148

02 ▶ 投資信託にはどんな種類があるの? 152

03 ▶ 投資信託で得られる利益はどんなもの? 156

04 ▶ 分配金は「受取コース」と「再投資コース」
どっちがいいの? 160

05 ▶ 投資信託のトリセツ！「目論見書」はどう読むの? 164

06 ▶ ETFってどんなもの? 投資信託と何が違うの? 168

07 ▶ 実際にやってみよう！
～投資信託の商品を選ぶ～ 170

おさらい問題
5限目のポイント 174

■ 教授からの一言メッセージ 176

6 限目 / 早く始めたもん勝ち！
～NISAとiDeCoを知ろう～

01 ▶ 投資を始めるならNISAかiDeCoから！
その理由は? 178

02 ▶ これが非課税の威力！
どれくらいの差になるの? 180

03 ▶ 「一般NISA」と「つみたてNISA」どう違うの? 　182

04 ▶ 2024年開始の「新NISA」はどんなもの? 　186

05 ▶ 新NISAでどう投資していくか考えてみよう 　190

06 ▶ iDeCoってどんなメリットがあるの? 　192

07 ▶ 会社に入る前に知ろう!
「企業型確定拠出年金」って何? 　196

08 ▶ 新NISAとiDeCo、どっちを使うのがいいの? 　200

09 ▶ 実際にやってみよう!
〜NISAとiDeCoの金融機関を選ぶ〜 　202

おさらい問題
6限目のポイント 　206

教授からの一言メッセージ 　208

オフィスアワー

投資も人生も自分次第

01 ▶ 投資詐欺に遭わないようにここに注意! 　210

02 ▶ リスク許容度を超えた投資をしない 　212

03 ▶ 18歳から投資をするとどうなるかイメージしよう 　214

04 ▶ 「稼ぐ・使う・貯める・増やす」トータルで考える 　218

おわりに 　220

索引 　222

会員特典について

本書の会員特典「ライフイベント表」は、以下のサイトからダウンロードして入手いただけます。
これからの人生で起こりうるイベントを各年齢ごとに書き出して、一覧化できるツールです。
詳しい使い方については、次ページから紹介しているので、ぜひこれからの資産形成に役立ててください。

https://www.shoeisha.co.jp/book/present/9784798181158

注意

※会員特典データのダウンロードには、SHOEISHA iD（翔泳社が運営する無料の会員制度）への会員登録が必要です。
　詳しくは、WEBサイトをご覧ください。
※会員特典データに関する権利は著者および株式会社翔泳社が所有しています。許可なく配布したり、WEBサイトに転載することはできません。
※会員特典データの提供は予告なく終了することがあります。
　あらかじめご了承ください。

自分の人生を中長期的に
思い描いてみよう！

この間、友だちと「将来何がしたいか」について話したんだ。大手でバリバリ働きたい、起業したい、結婚したい、海外移住がしたい……皆、色々なことを言ってたなぁ。

100人いれば100通りの人生がありますね。大事なのは「自分がどう生きたいのか」を常に意識しておくこと。少し先の未来から逆算して、「今何をするべきなのか」を考えて実行できると、より多くの選択肢を持てますよ。

　人生は、選択の連続です。選択肢を広げておけば、より人生が充実する可能性が高まりますね。「お金がない」「語学力がない」などの理由で、やりたいことを諦めたり先送りにすることは避けたいもの。早い段階で自分のやりたいことや起こりうるイベントを知り、必要な準備をコツコツしておくことがとっても大切なんです。

卒業後も人生は「選択の連続」

30代で海外転勤	40代で転職したい

35歳
マイホーム
購入

50歳
第1子留学

54歳
リフォーム

65歳
退職

| 23歳
就職 | 28歳
結婚 | 30〜35歳
子ども2人誕生 | 37歳
第1子小学生 | 49歳
第1子大学生 | 56歳
夫婦だけの生活 | ……100歳 |

あなたは学校を卒業した後、どんな仕事をしているでしょうか？そして10年後は、どんな日々を送っているでしょう？このように自分の人生を中長期的に思い描くことで、必要な準備ができるようになるのです。手始めに次の表を使って、自分の人生に起こりうるライフイベントについて考え書き出してみましょう。

自分の人生を思い描いてみよう！

考えてみること	例	書き込み欄
どんな働き方をしたい？	・会社員、公務員 ・起業して社長、フリーランス　　　　　　　　　　　　　　　　　　　　など	
どこで働きたい？	・地元の近く ・都心、海外　など	
転職はしたい？	・チャレンジしたい ・できるだけ1カ所で働きたい　　　　　　　　　　　　　　　　　　　　など	
どこに住みたい？	・地元の近く ・都心、海外　など	
どんな暮らしをしたい？	・趣味三昧の1人暮らし ・友だちと年に一度は海外旅行　　　　　　　　　　　　　　　　　　　　など	
結婚はしたい？	・したい ・したくない　など	
マイホームは欲しい？	・欲しい ・特にいらない　など	
子どもは欲しい？	・欲しい ・どちらでも　など	
何を頑張りたい？	・語学や研究活動などの勉学 ・ずっと続けているスポーツ　　　　　　　　　　　　　　　　　　　　など	

ライフイベントについて考えたら、次に時系列で1つの表にまとめましょう。それが「ライフイベント表」です。未来のことはすべて妄想でかまいません。思い描いた人生を可視化するツールです。

ライフイベント表の見本　18歳　A男さんの場合

		年	年	年	年	年
		現在	1年後	2年後	3年後	4年後
家族・年齢	自分	18歳	19歳	20歳	21歳	22歳
	未来の妻	－歳	－歳	－歳	－歳	－歳
	父	50歳	51歳	52歳	53歳	54歳
	母	48歳	49歳	50歳	51歳	52歳
ライフイベント	叶えたいこと・夢					
	働く	アルバイト			インターン	
	趣味・遊び	バンド活動とフェスに行く	ライブに出る	ライブに出る	ライブに出る	卒業旅行（ヨーロッパ）
	その他					
	家族のこと			母：留学したいらしい		

年	年	年	年	年	年
5年後	6年後	7年後	8年後	9年後	10年後
23歳	24歳	25歳	26歳	27歳	28歳
－歳	－歳	－歳	28歳	29歳	30歳
55歳	56歳	57歳	58歳	59歳	60歳
53歳	54歳	55歳	56歳	57歳	58歳
金融機関に就職・1人暮らし			結婚		30代で子どもが欲しい
就職					
バンド活動を続ける	海外旅行	海外旅行	両親と旅行		
引っ越し			結婚式・引っ越し		
					父：定年退職

ぜひ使ってみてくださいね！ライフイベント表のテンプレートは下の二次元コードからもダウンロードできますよ。

自分が将来どうしたいかって
今まできちんと考えたことがなかったな。
まずは卒業した後のことから考えて、
ライフイベント表をつくってみるよ！

「これから」の
お金の動きを
イメージしてみよう

就職先が決まった！
社会人になったら何が変わる？

収入も増えるし、洋服もいっぱい買えると いいな。どのくらいもらえるんだろう？

就職を目前に、多くの人は自分だけのお金、しかも学生時代よりも多くのお金が手に入ることを楽しみにしているでしょう。確かにアルバイトよりも収入は高くなるのが一般的。しかし、社会人になると出費も増えるため、贅沢(ぜい)に暮らせるかというと、実はそうでもないのです。会社員になるとどのくらいの給料がもらえるのでしょう。

Q 4年制大学を卒業した人の初任給の手取り 平均っていくらくらい？※

❶15万円　　❷21万円　　❸28万円

どれを選んでも家賃や電気代、スマホ代、 食費とかがここから引かれると思うと、 何だか少ないなあ……。

※選択肢は手取りとして9割をかけて算出。
出典　厚生労働省「令和4年賃金構造基本統計調査　結果の概況　新規学卒者」
https://www.mhlw.go.jp/toukei/itiran/roudou/chingin/kouzou/z2022/dl/09.pdf

1カ月の家計の内訳

2万円　貯金

固定費：家賃／通信費／水道光熱費

変動費：食費／日用品費／交際費／その他

19万円

　4年制大学を卒業した人の初任給の手取り平均は約21万円です。なので、答えは②。社会人になると、親から仕送りをしてもらっていた人も実家暮らしの人も、自分の生活費はこの手取りから出すようになりますね。

　このように、社会人生活がスタートしてしばらくは収入も多くないため、「いかにやりくりできるか」が資産形成の鍵となります。

　家計の内訳のイメージは、図のように毎月かかる家賃などの固定費と食費や日用品費などの変動費、貯金に分かれます。さらに、社会人2年目からは、前年の所得に対して納める住民税の負担も生じるため、手取り収入はさらに減る可能性があります。

　そこで、ぜひチャレンジしてほしいのは1年目から貯金を始めること。家計簿アプリなどを活用して無駄遣いをしない意識を高め、ゲーム感覚で貯金や投資に回すお金を生み出しましょう。まずは、手取り収入の10％を貯めることを目標にするとよいですよ。

　社会人になると、自社や取引先の製品の購入をすすめられたり、仕事上の飲み会の機会も生じます。ですが、どんなときも人の意見に流されずにどうするべきかを選択することが大切です。これから先の長いキャリアにおいて大事なことならばよい投資。そうでなければ断る勇気も必要ですよ。

　これから40年以上続く社会人生活、チャレンジできる選択肢を少しでも増やすためにはお金が大切です。税金や社会保険、会社の制度、金融商品といったお金の知識を身につけて、損をせずに賢く資産形成できる社会人になりたいものですね。

20代・30代・40代、どんなことがある?

結婚もしたいし車も欲しい!
どのくらいかかるの?

人生には様々なライフイベントが生じます。特に20〜30代は人によって自動車購入や結婚、引っ越し、出産など大きなお金がかかるイベントが目白押し。一体どのくらいのお金がかかるのでしょう。少し先のことになりますが、「もし自分だったら」と想像してみましょう。

Q 新生活にかかる家具家電代も含めて、結婚するとき自己負担するお金はどのくらい?

❶102万円　　❷142万円　　❸177万円

結婚するときには挙式や披露宴だけでなく、新生活のために家具や家電を買うなど結構お金がかかります。ご祝儀を差し引くと、自己負担金額の平均は「177万円」にのぼります。結婚以外のライフイベントについても見てみましょう。

※1出典　リクルート「ゼクシィ結婚トレンド調査2022」
https://souken.zexy.net/data/trend2022/XY_MT22_release.pdf
※2出典　リクルート「新婚生活実態調査2023(リクルートブライダル総研調べ)」
https://souken.zexy.net/data/trend2023/XY_ML23_release.pdf

様々なライフイベントにかかる金額の目安

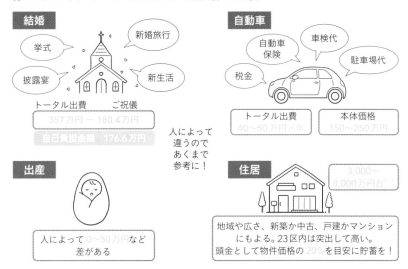

結婚

挙式　新婚旅行　披露宴　新生活

トータル出費　ご祝儀
357万円 − 180.4万円

自己負担金額　176.6万円

人によって違うのであくまで参考に！

出産

人によって 0〜50万円 など差がある

自動車

自動車保険　車検代　税金　駐車場代

トータル出費　本体価格
40〜50万円／年　150〜250万円

住居

3,000〜8,000万円台

地域や広さ、新築か中古、戸建かマンションにもよる。23区内は突出して高い。頭金として物件価格の 20% を目安に貯蓄を！

　結婚にも自動車購入にも「こんなにお金がかかるなんて！」と驚くかもしれません。しかし、できればブライダルローンや自動車ローンなど借金は避けたいもの。社会人になってからコツコツと資金準備をしておけば選択の幅は広がりますよ。出産にも大きな心配は不要です。なぜなら、健康保険や自治体からの助成があるから。でも、貯金があれば希望の出産方法を叶えられるなど選択肢は広がります。

　生活するには家も必要ですね。購入と賃貸、どちらもメリット・デメリットがあり一長一短です。身軽でいたい人には賃貸がベスト。一国一城の主になりたい、転居の可能性が低い人は購入がよいでしょう。どちらの場合も手取り年収の25%以内に住居関連費用が収まるような住まい選びをすることが大切です。家を買う場合は、一生で一番の高額な買い物かつ借金をすることになります。後悔することのないようによく勉強して熟考を。

※以下のデータをもとに作成
出典　住宅金融支援機構「2021年度 フラット35利用者調査」
https://www.jhf.go.jp/files/400361622.pdf

1人の子どもにかかる
養育・教育費ってどのくらい?

**子育てにはお金がかかるって聞くけど、
一体どのくらいなの?**

生まれてから今まで親がどのくらいのお金をかけてく
れていたかを知っていますか?実は、生活費や学費な
ど子ども1人あたりの養育・教育費は2,000万円以上
ともいわれるんです。ちなみに、読者の皆さんの多く
が現在通っている大学の学費はいくらかご存じですか?

> **Q** 私立大学(文系)の学費は4年間でいくら?
>
> ❶ **国産自動車クラス(250万円)** ❷ **会社員の年収くら
> い(450万円)** ❸ **外車クラス(690万円)**

受験費用、入学金、授業料、施設設備費のほか、通学費や教科書代
も含めた4年間の学費の合計金額は約「690万円」です。ちなみに
国公立の場合は約480万円、私立(理系)の場合は約820万円と進
路によっても異なります。私立の医学部や歯学部はさらに高額です。

※クイズまた右ページの図は以下のデータをもとに筆者作成
※1出典 文部科学省「令和3年度子供の学習費調査 2.調査結果の概要」
https://www.mext.go.jp/content/20221220-mxt_chousa01-100012573_3a.pdf
※2出典 日本政策金融公庫「令和3年度 教育費負担の実態調査結果」
https://www.jfc.go.jp/n/findings/pdf/kyouikuhi_chousa_k_r03.pdf
※3出典 文部科学省「令和3年度 私立大学入学者に係る初年度学生納付金 平均額(定員1人当たり)の
調査結果について」
https://www.mext.go.jp/content/20211224-mxt_sigakujo-000019681_1.pdf

解 説

　子どもにかかるお金は大学費用だけではありません。でも、一度に大きな金額がかかるのは一般的に大学期のみ。それまでは、公立であれば毎月少しずつかかるイメージなので、大きな心配は無用です。今のうちから将来を想像して、子どもが生まれてから大学卒業までにかかるお金の全体像をつかんでおきましょう。

子どもにかかるお金の全体像

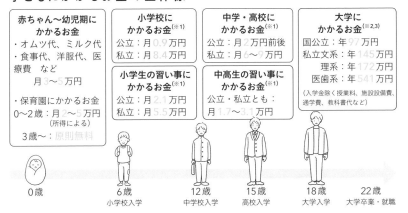

赤ちゃん～幼児期にかかるお金	小学校にかかるお金(※1)	中学・高校にかかるお金(※1)	大学にかかるお金(※2,3)
・オムツ代、ミルク代 ・食事代、洋服代、医療費　など 　　月3～5万円 ・保育園にかかるお金 0～2歳：月2～5万円 （所得による） 3歳～：原則無料	公立：月0.9万円 私立：月8.4万円	公立：月2万円前後 私立：月6～9万円	国公立：年97万円 私立文系：年145万円 理系：年172万円 医歯系：年541万円 （入学金除く授業料、施設設備費、通学費、教科書代など）
	小学生の習い事にかかるお金(※1) 公立：月2.1万円 私立：月5.5万円	**中高生の習い事にかかるお金(※1)** 公立・私立とも：月1.7～3.1万円	

0歳　　6歳　　　　12歳　　　　15歳　　　18歳　　　　22歳
　　　小学校入学　　中学校入学　　高校入学　　大学入学　　大学卒業・就職

　お金は確かにかかるけれど、やはり自分の子どもが成長していく姿を見られることはとっても嬉しいもの。実際、私にとっても子どもたちの学費の負担は重いですが、かけがえのない宝物です。

　だからこそ、いくらでもお金をかけてあげたくなっちゃうのが養育・教育費。しかし、自分の人生は子育てだけではありません。必要な貯蓄や自分のやりたいことにお金をかけられなくなるのはNG、養育・教育費のかけすぎは禁物です。

　最近は、少子化対策のために国も自治体も様々な支援策を打ち出しており、養育・教育費を恐れる必要はありません。できる範囲で無理なく支払える学校を選ぶことや子どもと家計について話すことが大切。皆さんもぜひ家族とお金のことを話してみてくださいね。

50代・60代、さらに
働き方や収入はどう変わる?

**先のことすぎて全然想像がつかない……。
収入とかアップするのかな?**

さあ、皆さんが自分の両親くらいの年齢になったとしましょう。会社員として同じ会社に勤め続けていれば、多くの部下を抱えた管理職になっているかもしれません。または転職をしたり、自分で会社を経営したり、フリーランスになっているかもしれませんね。さて、会社員の場合は60歳くらいのタイミングで定年退職となるのが一般的ですが、そこでクイズです。

Q 定年退職して同じ会社で再雇用される場合、収入はどうなる?

① 半分くらいになることもある　② 変わらない
③ 再雇用手当がつくので増える

実は……半分くらいになることもあるんです。

**ええ!!半分になったら大変だ〜!
貯めておかないと。**

解説

厚生労働省の調査[※] によると、ほとんどの会社では定年制が設けられており、その中で定年年齢を60歳としている会社が約7割強、65歳としている会社が約2割あり、多くの人が65歳までに定年となります。定年後は全体の9割以上の会社に「勤務延長」か「再雇用」の制度がありますが、定年後の収入は大きく減るのが一般的で半分くらいになることもあります。

皆さんが50代・60代になる頃にどうなっているかは不明ですが、ずっと同じ収入を得られる保証がないことは変わらないでしょう。また、課長や部長などの役職についている場合でも、50代で役職から離れる「役職定年」という仕組みがあり、会社にもよりますが収入が減ることがあります。

十人十色のキャリア形成における選択肢

	20代	30代	40代	50代	60代
	会社員	フリーランス	転職・会社員		フリーランス
	会社員	離職		転職・公務員	
			会社員		
		フリーランスまたは会社経営			

もちろんキャリアの積み方は人によって異なります。昇格で収入が増えることもあればうまくいかないと減ることも。

ですが、安心してください。今は自分を大事にした働き方が尊重される時代です。皆さんは少子化の影響もあり、人口が少ない年代ですから少しぐらいわがままでも大丈夫。「自分らしく働く」ことを大事にしましょうね。

50代・60代は子育ても一段落して家計が少しだけラクになる頃。定年後のことも含めてこれからの働き方をじっくり考える時期になります。「次のステージへの準備期間」ともいえますね。

※出典　厚生労働省「令和4年就労条件総合調査」
https://www.mhlw.go.jp/toukei/itiran/roudou/jikan/syurou/22/dl/gaikyou.pdf

これからやってくる老後の生活って どんな感じ?

2人に1人は100歳以上になるってホント?

『LIFE SHIFT(ライフ・シフト)〜100年時代の人生戦略〜』(東洋経済新報社、2016)というベストセラー本、知っていますか?「人生100年時代は、フレキシブルに生き方を見直し、できるだけ長く健康に働くことが大事」というメッセージが込められています。この本によると「2007年に日本に生まれた子どもの50%は107歳まで生きる」とあり、皆さんの2人に1人以上は100歳を超える可能性が高いのです!かなり先のことですが、自分がおじいちゃんやおばあちゃんになったときのことを想像してみましょう。

 Q 70歳で働いている人って今はどのくらいいる?

❶10人に1人 　❷5人に1人 　❸3人に1人

前の節で定年は65歳までに迎えると言いましたが、実は今70〜74歳の人のうち、なんと38.6%もの人、つまり3人に1人は働いているのです(※)。75〜79歳で24.1%、80歳以上でも10%もの人が働いています。定年退職してからも、何らかの形で働く人が多いのですね。もちろん、フリーランスや自営業の人も含まれています。

※出典　内閣府「令和元年度　高齢者の経済生活に関する調査結果(全体版)　第2章　調査結果の概要」
https://www8.cao.go.jp/kourei/ishiki/r01/zentai/pdf/s2.pdf

「そんなに働くの？イヤだなー」なんて声が聞こえてきそうですが、老後の生活がどのくらいあるのかを計算してみましょう。

　22歳で大学を卒業してから働き始めると、60歳まで38年。もし100歳まで生きた場合、60歳を過ぎてから40年もの人生が続きます。仮に60歳以降を老後とした場合、それまで働いた期間よりも老後期間の方が長いということに。70歳で元気に働いている人が多いことにもうなずけます。

老後の生活のイメージ

　若い頃に比べると、あちこちが痛み病院に行く回数が増えるなど、身体的に大変なことも出てきます。その一方で、仕事の時間を減らして趣味や旅行、友だちや家族との交流に充てる時間を増やすこともできるようになるため、人生の充足度は高まるでしょう。

　ただし、生きている限り続いていく住居費などの生活費の負担を重く感じるようにもなるので、それまでいかに貯蓄・資産形成してきたかが鍵となります。楽しい老後生活を送りたいですね！

入院するとどのくらいの
お金がかかるの?

入院ってお金がかかりそうだな。
これからは自分で払うから知っておかないと!

皆さんは、病気やけがをして入院したとき、どのくらいのお金がかかると思いますか?たとえば肺炎で入院した場合を想像してみましょう。

Q 肺炎で入院した場合、入院費(医療費のみ)の
  1日あたりの自己負担額はいくら?

❶3,000円　　❷5,000円　　❸1万円

もし1週間入院するとしたら、どれも高いなあ。
病気やけがをしないように気をつけないと……。

……実はこれ以外にも食事代や入院する部屋のお金など諸々の費用がかかるのです。

解説

入院をすると、治療にかかるお金に加えて、入院中の食事代(460

※出典　厚生労働省「医療給付実態調査(令和2年度)」
https://www.e-stat.go.jp/stat-search/files?page=1&layout=datalist&toukei=00450389&tstat=000001044924&cycle
=0&tclass1=000001044945&tclass2=000001171146&stat_infid=000032251633&tclass3val=0

円×3食）や1〜4人部屋を希望した場合の差額ベッド代（4人部屋の平均は約2,600円）がかかります。

　クイズの答えは③ですが、ほかの費用も合わせると4人部屋の場合1日あたり1万4,600円。パジャマのレンタル代やお見舞いに来た家族の交通費、そして働けなくなった分の失われた収入も考えると経済的損失は大きいですね。

　とはいえ、入院費1万円というのは健康保険制度のおかげで抑えられている金額なんです。小学生から70歳未満の人は実際の医療費の3割負担で済むので、本来の入院費は3万3,000円。健康保険がないと1日3万円超というのは心配ですよね。

　さらに、医療費がかかりすぎないようにする仕組みがあります。入院や手術などの大きな治療で100万円かかり、3割負担でも図のように30万円支払うことになったとします。

高額療養費の仕組み

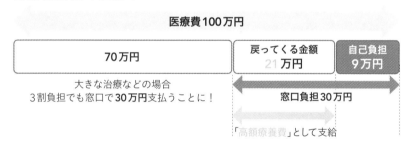

医療費100万円

| 70万円 | 戻ってくる金額 21万円 | 自己負担 9万円 |

大きな治療などの場合
3割負担でも窓口で30万円支払うことに！

窓口負担30万円

「高額療養費」として支給

　こんなときに役立つのが「高額療養費」です。年齢や所得に応じて、1カ月の最大の自己負担限度額が決められており、病院での支払いのうちで自己負担限度額を超えた分は申請すると後で戻してもらえます。70歳未満の場合、1カ月の自己負担は一般的な収入の場合で約9万円なので、このケースでは差額の「21万円」が戻ります。

　ただし、高額療養費の対象となるのは保険適用の医療費のみ。食事代や差額ベッド代は対象外ですよ。だからこそ、万が一のために貯金しておくこともやはり大切です。

公的年金って一体どんなもの？
本当にもらえるの？

 20歳になったら、年金保険料を払わないと
いけないんだよね。
もらえるかわからないのにイヤだなあ……。

 20歳になったら加入する義務がある公的年金。私たちの人生を守る、とても大切な制度なんですよ。具体的にはどのように守ってくれるのでしょうか。

 Q 公的年金に加入していると、どんなときに年金を受け取れるのか、次の3つのうちで当てはまるものはどれ？

❶ 高齢者になったとき　❷ 障がい者になったとき
❸ 死亡したとき

公的年金は、高齢者しかもらえないと思っていませんか？若くても病気やけがで障がいが残った場合は「障害年金」を、死亡した場合には要件を満たす遺族が「遺族年金」を受け取れるので、実は答えは①〜③の「すべて」。公的年金は若い頃から死ぬまでを守る一生涯の「保険」なのです。

解説

公的年金は、日本の社会保障制度の一つ。20歳になると学生も加

公的年金の仕組み

働き方・暮らし方に応じて加入

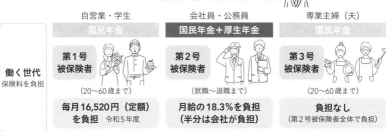

	自営業・学生	会社員・公務員	専業主婦（夫）
	国民年金	国民年金＋厚生年金	国民年金
働く世代 保険料を負担	第1号 被保険者 （20〜60歳まで）	第2号 被保険者 （就職〜退職まで）	第3号 被保険者 （20〜60歳まで）
	毎月 16,520円（定額） を負担 令和5年度	月給の18.3%を負担 （半分は会社が負担）	負担なし （第2号被保険者全体で負担）
	（65歳〜亡くなるまで）		
引退後 年金を受給	月約6.6万円 （満額）	月約14.6万円 （平均）令和3年度末	月約6.6万円 （満額）

出典　厚生労働省「令和5年度版わたしの年金とみんなの年金」をもとに作成
https://www.mhlw.go.jp/content/12500000/000936991.pdf

入が義務づけられています。自営業・学生は第1号被保険者、会社員・公務員は第2号被保険者、第2号被保険者の配偶者は第3号被保険者と呼ばれ、上の図のようにそれぞれ保険料や支払い方法、受取年金額が異なります。そして、年金は死ぬまでもらえる「終身年金」です。

　保険料は収入が少ない学生の場合、在学中の納付の猶予を申請できるので、希望する場合は必ず手続きを。手続きをしていないと万が一障がいを負った場合、障害年金をもらえない可能性があります。社会人になってからも収入が少ない場合は、保険料の一部または全額を免除してもらうことができるので覚えておきましょう。

　また、将来受け取る年金はインフレ（物価上昇）が起こったとき、原則はその分が増える仕組みなので貴重な収入源に。とはいえ、公的年金は賦課方式といって、その時代に支払われる年金を働く世代の保険料でまかなうため、少子高齢化が進む今、不安を感じる人も多いでしょう。でも大丈夫、公的年金は簡単に破たんする制度設計じゃありません。定期的な財政チェックで対策を講じ、万が一に備えて潤沢な積立金運用もしています。さらに、今後は65歳を超えて働く人も増えるでしょう。このように年金は必ずもらえるものなので加入して備えておきましょうね。

ライフプランって何？

「人生の計画が大事」って言われても、
どこで働くかも結婚するかも
決まってないし……やらなきゃダメ？

ライフプランとは、「これから自分がどんな人生を過ごしていきたいか」を考えて計画を立てること。今の段階では、いつからどこで何をして働くのかなど、将来のことは決まっていなくて当たり前。

でも、ぜひ今からライフプランを意識して生活してほしいのです。なぜならたくさんのメリットがあるから。さて、どんなよいことがあるのでしょうか。

Q ライフプランを立てるメリットとして間違っているものは？

❶ 無駄遣いがなくなることができる ❷ すぐに稼げる方法を知る ❸ 夢を叶えるために必要なお金などを合理的に準備できる

将来は自分の家と車が欲しいし、
海外旅行も毎年したい……
となると、今から無駄遣いをやめなくちゃ！

ライフプランを立てるメリット

目的・夢を叶えるために必要なもの

お金　　　知識　　　人脈

ライフプランライフプランを立てると……

合理的に準備できる！
貯金・投資のモチベーションが上がる
お金の使い方に「メリハリ」が出る

目的

人は誰しも「将来こうなりたい」「こんなことがしたい」という何かしらのビジョンを持っています。「こんな仕事をしたい」「友だちに囲まれていたい」「海外旅行をたくさんしたい」「車が欲しい」などの近い将来のことから、「子どもは3人欲しい」「夫婦でバリバリ働きたい」「自給自足の生活にチャレンジしたい」「起業したい」などの少し遠い将来のことまで、十人十色の夢がありますね。私が以前、20代の方から聞いた夢は「おばあちゃんになったときに、たくさんの孫に囲まれていたい」でした。

日々、勉強や仕事で忙しいとなかなか自分の夢に目を向ける時間がありません。何となく時間が過ぎていき、いつのまにか忘れてしまうことも。「よし、やろう！」と思い立っても、すぐには叶えられないものです。なぜなら、実現するためにはお金や知識が必要だったり、人のツテがないと難しいことだったりするからです。

しかし、ライフプランを意識すれば、自分の夢を実現するために必要な「お金」「知識」「人脈」などを合理的に準備できるのです。同時に貯金スピードもアップします。なぜなら自分の夢に向かって貯めるため、モチベーションがぐんと上がるからです。お金の使い方も、「これは夢の実現には不要」と無駄遣いがなくなりメリハリが生まれますよ。ライフプランの影響力、すごいのです！

初めてこれからの人生を考えてみて、
何だかワクワクしてきたぞ！

Q 次の問題に○・×で答えてください。

① 社会人になってもしばらくは貯金を始めなくてよい

② 住居費の目安は、手取り年収の25%以内

③ 私立中学のお金は公立中学の3倍以上かかる

④ 会社員になればやめるまで収入は右肩上がりだ

⑤ 会社員は多くの場合、65歳までに定年退職となる

⑥ 医療費がかかりすぎた場合、ある程度戻ってくる仕組みがある

⑦ 公的年金はどうせもらえないから加入しなくてよい

⑧ ライフプランを立てれば「お金」「知識」「人脈」などを合理的に最短ルートで準備できる

答え

① × できれば初任給から貯金を始めよう

② ○ 住居費が高すぎると生活が苦しくなるよ

③ ○ 進路が家計に与える影響は大！

④ × 業績悪化や役職定年で減ったりすることもある

⑤ ○ 現時点で60歳定年の会社が約7割、65歳定年の会社が約2割ある

⑥ ○ 公的医療（健康）保険の「高額療養費」を申請することで、払いすぎた医療費を戻してもらえる

⑦ × 公的年金がもらえなくなることはない。
また、障がいを負ったり、死亡した場合にも
もらえるため必ず加入しよう

⑧ ○ 目標に向けた計画を立てると、
実現できるように行動が変わるもの

こんなに色々お金が必要なんだ！って
驚いたけど、負担が軽くなる仕組みも
わかってよかったな。

オリエンテーションのポイント

その1 ── 投資の前に中長期的なお金のかかり方を知ることが大事

その2 ── チャレンジできる選択肢を少しでも増やすためにお金の知識を身につけよう

その3 ── ライフプランを立てて戦略的に資産形成しよう

これからの人生をイメージできましたか？
いっぱいお金がかかることがわかって
ゲンナリした人もいるかもしれないですね。

でも、お金はやりたいことを叶えてくれるツール。
稼いだお金をいかに貯めて増やしていくかを
知ることが大切です。

いよいよ次は、資産形成について
学んでいきましょう！

キャッシュフロー表も活用しよう

ライフイベント表でもこれからの人生を可視化できたけれど、より経済的な視点で考えられる「キャッシュフロー表」というツールもあります。年間収支と資産残高の推移を予想して「いつ、いくら、お金が足りなくなるか」を事前に知ることができるのです。それがわかれば今から対策を立てられますよね。日本FP協会の公式WEBサイトに公開されているので、ぜひダウンロードしてみてくださいね。
https://www.jafp.or.jp/know/fp/sheet/

1限目

資産形成の
基本のき

生活予備資金って何？
貯金っていくらあればいいの？

**貯金が大事なのはわかるけど、
まだ遊びたいしなー。
最低どのくらい取っておけばいいんだろう……。**

貯金は何のためにするのでしょうか。やりたいことのため、欲しいもののためでもありますが、自分を守る万が一の備えのためでもあります。

ある日、突然勤務先が潰れてしまう、リストラされる、交通事故に遭い働けなくなってしまう……。人生には予測できないトラブルがたくさんあります。そんなときにお金があれば生活資金に充てて立て直しを図ることができますね。このような「もしも」に備えるお金を「生活予備資金」といいます。

Q 会社員の場合、生活予備資金はどのくらい準備しておくべき？

❶ 生活費3カ月分　　❷ 生活費6カ月分
❸ 年収と同じ金額

年収分を貯めるなんて無理だと思うけど……。
うーん、①かなあ……？

　社会人になると1人暮らしを始めるなど生活が大きく変わるため、しばらくは貯金をする余裕がない人も多いでしょう。でも、トラブルが起きたとき、チャンスが降ってきたとき、また趣味に使いたいときなど、いつか訪れる「お金が必要なとき」に今から備えることはとても大切です。そのためにも、手元には最低でも生活費6カ月分はあるようにしましょう。今は実家暮らしで食費や住居費を払っていない人でも、いずれ家を出ていくことを想定して1人で生活できる6カ月分の金額を計算してみて。もし月18万円かかるようだったら6カ月で「108万円」必要ということになりますね。

　貯金ゼロで就職した人はもちろん、誰でも初任給から貯金を始めることをおすすめします。たとえば月3万円、ボーナスから年20万円貯金できれば1年目で56万円貯まります。こうして一番給料の少ない社会人1年目に貯金できれば、2年目以降もラクに貯められます。

加入する社会保険の違い

	会社員 公務員	自営業など
傷病手当金	あり	なし
障害年金	障害厚生年金 障害基礎年金	障害基礎年金のみ
労災保険・雇用保険	あり	なし

　働き方によって加入する社会保険が異なり、会社員や公務員の方が、個人事業主などの自営業者よりも手厚い保障を受けられます。たとえば、会社員や公務員が加入する健康保険には、働けない期間、給料の約3分の2の金額を通算1年半受けられる「傷病手当金」がありますが、自営業者が加入する国民健康保険にはありません。病気やけがで働けなくなったら収入はゼロに！自営業者の場合は、会社員よりも生活予備資金を多く準備しておきましょう。

02

人生にはどんなリスクがある?

リスクっていうと、事故や詐欺に遭うとかかな。
彼女に振られるのもリスクだね……怖い怖い。

人生にはたくさんのリスクがあります。学生であれ
ば、交通事故に遭う、アルバイトをやめさせられる、
財布を落とす、彼女に振られる、単位を落とす、就活
に失敗するなどが挙げられますね。

社会人になっても事故や天災に加えて、リストラや病気、離婚、詐
欺被害、家計破たん、大切な人の死、メンタルの不調など、考え出
すといくらでも出てきます。それでは次のようなリスクについて考
えてみましょう。

Q 高校生が自転車で車道を斜め横断し、対向
車線を走っていた自転車と衝突。高校生は衝
突した相手に重大な障がいを負わせてしまっ
た[※]。このときの賠償金はいくら?

❶約100万円　　❷約1,000万円　　❸約1億円

実際にあった話なんだよね。
僕にもありえることだから気をつけないと……。
1,000万円くらいかな?

※出典　東京地方裁判所 平成20 (2008) 年6月5日判決

生きていると「予想もしていなかった」ような様々なリスクが起きます。ほとんどの場合、多くのお金が必要になるため、「どんなリスクにどう備えればよいか」を知り対策することがとても大切です。

クイズの内容は実際に高校生が起こしてしまった事故で、なんとこのときの賠償金は9,266万円でした。高校生の場合は保護者に支払い義務が生じますが、突然1億円近くの請求をされたと想像してみてください。大半の人が支払いに困るのではないでしょうか。

人生における5つのリスク

リスクの種類	どんなときに発生する?	どんなことにお金がかかる?
からだのリスク	病気やけがをしたとき	治療費・働けなくなった場合の生活費など
住まいのリスク	台風・地震など天災や火事が起こったとき	家の再建費など
運転のリスク	バイク・自転車などで事故を起こしたときや遭ったとき	死亡やけがをさせた場合の損害賠償金・自動車の修理費など
日常生活のリスク	・偶然の事故で、損害賠償が発生したとき ・仕事がなくなったとき	損害賠償金・失業後の生活費など
生活資金のリスク	・予定外の進路を選んだとき ・長生きしたとき	教育費・老後資金など

人生には主に5つのリスクがあります。先ほどのような損害賠償は日常生活のリスクにあたり、SNS投稿が原因で訴えられたときや酔っぱらってものを壊したときに賠償金を求められる、なんてこともあります。その他、からだのリスク、住まいのリスク、運転のリスク、そして生活資金のリスクでは子どもが予定外の進路を選んだ場合の教育費や長生きした場合の老後資金が必要となります。

これらのリスクに完璧に備えることは難しいので、公的保障でどこまで守ってもらえるかを知り、不足分は自分で備えるように対策を練りましょう。具体的な備え方は次節で解説しますね。

03

リスクにはどうやって
備えればいいの?

もし何かが起きてお金が必要になったら……
一体どうすればいいんだろう?

あるとき、突然1億円を請求されたり、火事になって
家がすべて燃えてしまったり、というリスクはめった
に起こらないことですよね。それでも可能性はゼロで
はなく、起こってしまったら高額の支払いが生じてし
まう。こうしたリスクには「保険」を使って備えます。たとえば、
勤め先が突然倒産したときで考えてみましょう。

Q
勤めていた会社が倒産した。次の職が見つか
るまでの間、収入は完全にゼロになる。
○か×か。

 ❶○　　❷×

解説

　勤め先を失って、次の仕事が見つかるまでの間に収入が途絶える
のは不安ですよね。でも大丈夫。雇われている人全員が対象の雇用
保険には、失業手当を一定期間支払ってくれる制度があります。な
のでクイズの答えは②。それまでもらっていた給与の約「50〜

2つの保障でリスクに備える

「80%」が支給され、経済的に支えてくれる仕組みなんです(※)。

　人生に起こりうる様々なリスクには、国などが設置し国民の全員に加入が義務づけられている公的保障と、自分の意思で準備する私的保障の2つで備えることができます。「公的保障」だけでリスクに100%備えられるわけではないので、自分はどのくらい不足するのかを計算して、足りない分だけ「私的保障」で備えるのがよいでしょう。主な「公的保障」は社会保険、「私的保障」は預貯金と民間保険で、先ほどの雇用保険は社会保険の一つです。

　では「保険」とは一体何なのか、サークルを例に見てみましょう。50人で構成されているテニスサークルでは、平均して月3人のけが人が出て1人あたり1万円の治療費がかかり、学生によっては払えずにやめる人がいて困っていました。

　そこで、いつ誰がけがをするのかがわからないので、全員で治療費を出し合うことにしたのです。1カ月にかかる平均の治療費は3万円なので、3万円を50人で割った600円を「けが保険」として集めることに。メンバーがけがをしたら集めたお金を治療費に充てられるので、やめる人がいなくなって一安心。

　このように、構成メンバーで少しずつお金を出し合って不測の事態に備える助け合いの仕組みが「保険」です。投資をする前に、社会保険についてしっかり理解することが大切。

　それでは、どんなときに守ってもらえるのかを見ていきましょう。社会保険には保障内容別に5つの種類があります。

※出典　厚生労働省「基本手当について」
https://www.hellowork.mhlw.go.jp/insurance/insurance_basicbenefit.html

社会保険の5つの種類

公的医療保険	病気やけがにかかる治療費など
公的年金保険	老後・障がい状態・遺族の生活費など
公的介護保険	介護サービスの費用など
労働者災害補償保険	仕事中のけが等の治療費など
雇用保険	失業時の生活費など

<公的医療保険>

　病院の窓口で健康保険証を見せますが、それが公的医療保険に入っている証し。国民全員が公的医療保険に入っていて、治療費の7〜9割を負担してもらえます。日頃の治療費以外にも出産した人には出産育児一時金や、会社勤めから病気やけがで働けなくなった人には傷病手当金（自営業者にはありません）、高額の医療費がかかった人には一定金額超えた分を払い戻す高額療養費などがあります。

<公的年金保険>

　20歳以上の国民が入ります。高齢になったとき一生受け取れる老齢年金のほか、病気やけがで障がいを負ったときは障害年金、亡くなったとき遺族に遺族年金が払われるという大切な公的保障です。

<公的介護保険>

　家での介護の限界や高齢者が介護する老老介護などの社会問題を背景に2000年から始まった保険で、40歳から加入します。要介護状態で受ける介護サービスの費用を7〜9割負担してもらえます。

<労働者災害補償保険（労災保険）>

　労働者（従業員）を雇う事業主が加入します。従業員が仕事中や通勤時にけがをした場合などに治療費などが支払われます。

<雇用保険>

　労働者を雇う事業主が加入し、パート・アルバイトも含むすべて

の労働者が原則被保険者となります。失業や育児・介護などで休業し収入が減ったとき、一定の給付を受けられます。資格を取るときは受講費用の一部を支給してもらえる教育訓練給付制度もあります。

次に、私的保障の一つ、民間保険について主なものを紹介します。

民間保険の5つの種類

死亡保険	死亡したときに保険金が支払われる
医療保険	病気やけがで入院や手術をしたときに保険金（給付金）が支払われる
火災保険・地震保険	火事や自然災害により建物や家具などが損傷した場合、保険金が支払われる。地震や噴火・津波の場合は地震保険から支払われる
自動車保険	自動車事故の際に保険金が支払われ、被害者への損害賠償金や車の修理代などへ充てられる
個人賠償責任保険	自転車で誰かにけがをさせてしまったときなど損害賠償が発生したときに支払われる

<死亡保険>

自分が死んで経済的に困る人がいる場合は入っておきましょう。

<医療保険>

公的医療保険だけでは足りないかもしれないと思う人は検討を。入院や手術した場合に給付が受けられます。

<火災保険・地震保険>

火事や自然災害の被害は想定以上になるため入るべき保険です。

<自動車保険>

自動車事故による損害賠償は、加入が義務づけられている自賠責保険でも一定金額備えられますが、自分への保障や車の補償も受けられるため、民間の自動車保険にも入ることをおすすめします。

<個人賠償責任保険>

損害賠償が発生するときに備えられます。大きくお金のかかるリスクであり、貯金でまかなえないことが多いので入るべき保険です。

資産形成するのに
してはいけないこと

**資産形成って、お金を増やせばいいんだよね？
「してはいけないこと」って何だろう？**

資産形成といっても、その資産には様々なものが含まれます。「お金」「不動産」などの目に見える有形資産もありますし、「友情」「人脈」「知識」「健康」「信頼」などの目に見えない無形資産も大切な資産です。

本書では、有形資産の一つ「お金」について資産形成の方法をお伝えしますが、お金以外にも大切な資産はいっぱいあることを忘れないようにしましょうね。

Q どうしても欲しいものがあるけれど、貯金が少なくて買えない。次の行動の中でやってはいけないことはどれ？

❶ クレジットカードでリボ払い　　❷ 貯まるまで我慢
❸ 友だちにお金を借りる　　❹ 簡単に高額が稼げる
アルバイトの誘いに乗る

解説

資産形成をする上でして欲しくないことがあります。それは「無

資産形成でしてはいけない3つのこと

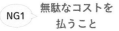

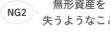

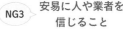

駄なコストを払うこと」「無形資産を失うようなこと」「安易に人や業者を信じること」。

　クイズにある「リボ払い」とは、クレジットカードの返済方法の一つで毎月の支払額を一定にできます。毎月1万円など一定の金額しか返さなくてよいので一見お得に見えますが、なかなか元本が減らないため借金は膨らみがち。気がつかないうちに無駄な手数料（利息）を支払うことになるのでやめましょう。手持ちのクレジットカードが「リボ払い専用カード」になっていないか今一度確認を。

　友だちに安易にお金を借りることも、すぐ返せないようであればNGです。友だちとの関係に亀裂が入るなど、信頼という無形資産を失う恐れも。また、「簡単に高額が稼げるアルバイト」と言われるとつい話に乗ってしまいそうになりますが、よくアルバイトの内容を調べてください。世の中に簡単に高額が稼げる仕事なんてありません。「絶対増える」と言われたり、「紹介でお金が入る」などネズミ講のような仕事には手を出さないに限りますよ。

　どうしても欲しいものがある場合は、まず本当に必要なのか、それでないといけないのかよく考えて。そして、安く買える店がなかったり、給料日まで待つこともできない「今しか買えない絶対に必要なもの」ならば、クレジットカードの一括払いを検討することも仕方ないでしょう。ただし、クレジットカードだとつい使いすぎてしまう人は、クレジットカードはやめて即時に口座から引き落とされるデビットカードを使うようにしましょう。

05

投資の前に身につけるべき「稼ぎ力」

就活も不安だし、僕に稼ぎ力なんて
身につくかなあ。投資で手っ取り早くお金を
増やせたらいいのに！

ちょっと待った！そう考えているなら投資なんてしてはいけません。なぜなら、資産形成の基本であり資本の種となるのが稼ぎ力にほかならないからです。

稼がずにラクに投資で増やそうと思った瞬間、悪質な詐欺に引っかかったり大暴落したりして資産を失いかねません。まずは自分の稼ぎ力を身につけること。投資より大切なことです。

Q 次の働き方のうち、最も生涯賃金が多いのは？

❶ 卒業後、転職しながらフルタイムで60歳まで正社員
※転職は同じ企業規模間とする

❷ 卒業後、同じ会社でフルタイムで60歳まで正社員

❸ 卒業後、フルタイムで60歳まで非正社員

❹ 卒業後、6年間フルタイム正社員。40〜60歳まで
パートタイマー勤務

どの働き方が正解ということはないけれど、目先の給料だけでなく生涯どのくらい稼げるのかという視点は忘れないようにしましょう。

解説

働き方による生涯賃金の違い（大卒の場合／退職金含めず／60歳まで）

	男性	女性
①卒業後、転職しながらフルタイムで60歳まで正社員（転職は同じ企業規模間とする）[※1]	2億6,190万円	2億1,240万円
②卒業後、同じ会社でフルタイムで60歳まで正社員[※1]	2億7,990万円	2億4,080万円
③卒業後、フルタイムで60歳まで非正社員[※1]	1億5,990万円	1億2,410万円
④卒業後、6年間フルタイム正社員。40〜60歳までパートタイマー勤務[※2,3]	4,122万円	4,028万円

　働き方は人によって大きく異なります。高校を出てから定年まで同じ会社で働く人もいれば、大学院を出て会社員になったものの、様々な事情で途中から非正社員となる人も。昇級や転職をする人もいれば、給料は下がるけれど自由に働ける職場へ転職する人もいますね。子どもが生まれて、お金より子育てとの両立のしやすさを優先し、正社員からパートタイマー勤務に変わる人も、大学在学中に起業して以降は経営者という人もいます。

　自分の意思でその後の人生をよりよくできる選択をしたならば、どの選択も正解です。ただし、働き方を考える際には生涯どのくらい稼げるかということも意識しましょう。

　あくまでモデルケースでの試算ですが、クイズの答えは②。とはいえ、昇級する転職をしていれば①、中小企業の②よりも、給料の高い専門職の非正社員であれば③かもしれません。

　稼げる自分であるために大切なことは3つ。①広い視野でスキル・知識を身につける　②人との交流を大事にし、人に喜ばれる言動を意識する　③心も身体も健康でいる。そのためにできることは何か、考えてみましょうね。

※図は以下のデータをもとに筆者作成
※1出典　独立行政法人労働政策研究・研修機構「ユースフル労働統計2022労働統計加工指標集」
https://www.jil.go.jp/kokunai/statistics/kako/2022/documents/useful2022.pdf
※2出典　厚生労働省「令和4年賃金構造基本統計調査」
https://www.mhlw.go.jp/toukei/itiran/roudou/chingin/kouzou/z2022/index.html
※3出典　厚生労働省「令和4年毎月勤労統計調査」
https://www.mhlw.go.jp/toukei/itiran/roudou/monthly/r04/22cr/22cr.html

06

資産形成するために
支出はどうやって減らすの?

資産形成を始めたい気持ちはあるけど、
何から始めて、どうやればいいのかな?

資産形成を始めたいと思ったら、まずはP12とP32で学んだライフプランを立てることをおすすめします。自分はどんな人生を送りたい?希望する人生のために準備しておきたい知識や資格、スキルは何?自分は何のためにどんな準備をすればよいのかを計画すれば、最短ルートで達成できるでしょう。とはいえ、そのために必要なお金はどうやってつくればよいのでしょうか。

Q 支出が多くてどうしても貯金できない。支出を見直す順番としてどれから始めると効率的?

❶格安スマホにする　❷スーパーをはしごして食費を見直す　❸サブスクを見直す　❹交友関係を見直す

物価も上がってきて惣菜とかも高いからなー。
なるべく安いものを買うようにしているけれど、
イマイチ貯まらないのはなぜ?

代表的な固定費と見直しポイント

通信費　　　　　　　難易度 ☆☆

- 使い方によっては、契約プランを変えるだけで安くなるかも
- 見直しをしたことがない人は一度試算してみよう

保険料　　　　　　　難易度 ☆☆☆

- 重複していない？
- 保険金そんなに必要？
- 火災、地震、自動車、個人賠償責任以外は見直しできる

住居費　　　　　　　難易度 ☆☆☆☆

- 賃貸の場合、近場でもっと家賃が低いところはない？
- 住宅ローンを返済している人は一度試算してローンの見直しをするのもおすすめ

サブスク契約などの会費　難易度 ☆

- コロナ禍で契約したもので使っていないサービスはない？
- 引き落とされている内容を洗い出して、不要なもの・使用頻度の低いものを解約しよう

「お金」という資産をつくる方法は3つ。「収入を増やす」「支出を減らす」「お金を育てる」。皆さんはどの方法ならすぐに実践できそうですか？アルバイトならシフトを増やして収入を手軽に増やすこともできますが、会社員になるとそう簡単には増やせません。投資をしてお金自体を育てようと思っても、一朝一夕に増えるものではないため、まずは支出を見直して減らすことができそうですね。

　見直しは、一度金額を減らせばずっとその効果が継続する「固定費」からするのがセオリー。ですので、クイズの答えは①か③です。格安スマホに見直すことで、通信料が月3,000円も下がれば1年で3万6,000円も貯められますし、不要なサブスクを解約することもおすすめです。一方、スーパーをはしごして安いものを買っても食費を下げ続けられるわけではないですよね。

　代表的な固定費は、スマホ代などの通信費、生命保険料などの保険料、家賃などの住居費、重複して契約している音楽配信サービスなどサブスク会費やクレジットカード会費など。これらのうち、減らせるものがないか一度チェックしてみましょう。

固定費の見直しから始めることが効果的とわかったところで、その浮いたお金を着実に貯めるにはどうすればよいでしょう？再びクイズです！

Q 確実に貯められる方法は次のうちどれ？

❶ 給料が入って生活費などに使った後、余った分を
　貯金する
❷ 給料が入ったらまず貯める分を別の口座によけて、
　余ったお金を使って生活する

バイト代が入っても、気がついたら
なくなっているんだよなあ。
次の給料日が待ち遠しくて……うーん。

解説

　人は意志が弱い生き物です。お金があればある分だけ使ってしまう……と悩んでいる人も多いのではないでしょうか。たとえ給料が上がり収入が増えても、その分食費などの生活費、娯楽費なども上がってしまい、貯金に回す金額が増えない人が多いのです。

着実にお金が貯まる！先取り貯蓄をしよう

お金が入ったらすぐに
別の場所へ移動させる

・積立定期預金
・自動定額入金
・NISA
　など

収　入

残りのお金で生活する

　そこで、学生にも社会人にもおすすめなのが「先取り貯蓄」。バイト代や給料が入ったら、使ってしまう前に先取りして別の場所へ移動させるのです。口座を開設しないで手軽にできるのは、ATMから引き出して封筒に入れておくことですが、これだと「あ！今日飲み会のお金が足りない！」なんてときについ使ってしまいそうです。ですので少し面倒ですが、ぜひ先取り貯蓄用の口座を1つ開設することをおすすめします。

　その中でも、最も手間なく先取り貯蓄を始める方法は、給与口座の銀行で積立定期預金をすること。定期預金に入ったお金は、家の封筒に入っているお金より断然引き出しづらくなるので強制的に貯められますよ。ほかにも、一部のネット銀行で取り扱いがある「自動定額入金」サービスを使い、先取り貯蓄用口座を開設する方法もあります。夢を叶えたり旅行したりするための夢貯金や旅貯金なども、ワクワクできてよいですね！

　それでは先取り貯蓄はどのくらいするのがよいでしょう。今後社会人になってから結婚や老後を迎えたときの目安をお伝えします。

新社会人（20代）	・実家暮らしなら手取り収入の3割 ・1人暮らしなら手取り収入の1〜2割
新婚共働き夫婦	・子どもがいなければ手取り収入の3割 ・生まれた後は手取り収入の2割
子どもが独立した夫婦 （50代くらい）	手取り収入の3割〜

先取り貯蓄で資産形成をぐんぐん進めていきましょうね！

07

お金を増やす方法には どんなものがあるの？

先取り貯蓄をすれば、
お金は貯められるってわかったよ！
でも、もっとお金を増やす方法はないのかな？

お金を増やすための3つの方法「収入を増やす」「支出を減らす」「お金を育てる」に取り組めば、先取り貯蓄に回せるお金も増やせて、さらに育てるお金自体を増やすことができます。

今回は主に「収入を増やす」「お金を育てる」について、どんな方法があるのかを紹介します。色々な方法の中で、自分にできることを選んでチャレンジするのがおすすめですよ。

Q 約1,500社を対象にしたアンケート調査によると、正社員の副業や兼業を認めている、または認める予定と回答した会社は全体の7割であった。〇か×か。

 ❶〇 ❷×

SNSとかでも「副業」っていう言葉、
よく見るようになった気がするから
してもいいんだよね？ダメなのかな。

　収入を増やそうと思ったら、アルバイトやパートであればシフトを多く入れて増やすことができますね。フリーランスや自営業も、営業活動に力を入れて受注量を多くすればその分増やせます。会社員の場合は、原則1年間基本給は変わりませんが、資格取得で手当を得られる会社もあります。自己投資をして成績や昇給につなげる努力もできますね。また会社の仕事以外に収入を得られる仕事＝副業・兼業もありますが、会社が副業を認めていなければ就業規則を破ることになるためできません。

　経団連が2022年に行った「副業・兼業に関するアンケート調査」(※)によると、自社の社員が社外で副業・兼業することを「認めている」企業は53.1％。「認める予定」の企業は17.5％であり、約10社に3社は副業を禁止していることがわかります。ですので、クイズの答えは①。会社員になったら就業規則をよく読んでルールをきちんと確認することが大事です。

　もし会社が認めていない場合は、「業務時間外でする」「就業中に寝るなど支障をきたさない」「他社に情報漏洩しない」ことを大前提に副業と判断されづらい方法を選ぶとよいでしょう。

　たとえばメルカリなどのフリマアプリへの出品や、節約術ともいえるポイ活（サイトやアプリでポイントを貯める活動）が挙げられます。ただしその収益が何十万、何百万となれば営利目的ともいえ副業となってしまいます。

　どの方法でも、給与所得以外に合計年20万円以上稼ぐと確定申告が義務づけられて会社に通知がいくため注意が必要です（申告の際、住民税を「普通徴収」にすることで通知はいきませんが要注意）。「これは副業にあたるかな？」と心配な場合は、ビクビクしながら始めようとせずに必ず会社に相談して判断するようにしましょう。

※出典　一般社団法人 日本経済団体連合会「副業・兼業に関するアンケート調査結果」
https://www.keidanren.or.jp/policy/2022/090.pdf

「副業・兼業をする」以外にもう1つの収入を増やす方法をお伝えします。それは、給料から差し引かれる税金を減らして手元に入金されるお金、いわゆる「可処分所得」を増やす方法です。一般的に会社員や公務員は、勤め先が給料から税金を差し引いて代わりに納税してくれます。なので税金に対する意識の低い人は多いですが、ぜひ自分の大切な稼ぎから差し引かれる税金に注目してください。

税金を減らすことができる主な4つの方法を紹介しましょう。

税金を減らす4つの方法

①iDeCo	②医療費控除	③生命保険料控除・地震保険料控除	④住宅ローン控除
積み立てる掛金が全額所得控除の対象となる	1年間の医療費が10万円を超えた分について所得控除できる	年間の保険料総額に応じて一定金額で所得控除できる	13年間ローン残高の0.7%の金額分の税金を減らせる

①iDeCo（詳しくは6限目で解説します）

60歳以降の資金をお得につくることができる国の制度。積み立てる掛金が全額所得控除の対象となり、その年の所得税と翌年の住民税の負担額を減らせます。確定申告や年末調整（※）で手続きをします。

※「年末調整」：給料などから天引きされた税金の過不足を調整する手続き

②医療費控除

1年間でかかった医療費（病院に払ったお金や薬の購入代）が10万円（※）を超えた場合、超えた分を所得控除の対象とすることができます。確定申告で手続きします（年末調整はNG）。

※その年の総所得金額等が200万円未満の人は総所得金額等の5％

③生命保険料控除・地震保険料控除

死亡保険や医療保険、個人年金保険、地震保険に加入している場合、1年間に払い込んだ保険料総額に応じた一定金額が所得控除の対象に。確定申告や年末調整で手続きします。

④住宅ローン控除

　住宅ローンを契約してマイホームを買った場合に、要件を満たせば13年間ローン残高の0.7％の金額について税金を減らせる制度。契約年は確定申告が必要ですが、2年目以降は年末調整でOKです。

⑤その他

　住んでいる自治体に納める税金の一部を自分の生まれ故郷などの自治体に納税（寄付）する「ふるさと納税」も、節税にはなりませんがお金を増やす手段の一つです。なぜなら2,000円の負担で寄付した自治体から食料品などの返礼品を受け取ることができて、食費などの節約につながるからです。気になる人はぜひ調べてチャレンジしてみてくださいね。

　「支出を減らす」方法はP50を参考にして。「お金を育てる」方法とはいわゆる投資のことで、この後の授業でじっくりお伝えしていきます。本書でお伝えする方法は「株式投資」「債券投資」「投資信託」「NISA」「iDeCo」ですが、その他にもアパートの部屋などを人に貸して家賃収入を得る「不動産投資」や金を買う「金投資」、外貨を預ける「外貨預金」など色々な方法があります。また、保険商品を使ってお金を育てる方法もあります。どんな方法も、そのリスクと商品性を自分で理解し納得してから始めるようにしてくださいね。

　さて、これまで繰り返しお伝えしてきたお金を増やす3つの方法にチャレンジしてみるときに、避けてほしいことがあります。

お金を増やすときに避けること

- 初期費用が大きくかかる方法
- 借金
- 稼ぎ力が落ちる方法
- 「お金が増えれば何でもいい」と考えること
- ランニングコストが高い方法
- 日頃の生活が苦しくなる方法
- 本業がおろそかになる方法

　自分に合った無理なくお金を増やす方法を見つけてくださいね！

モリモリの1限目だったなあ。
早くお金を稼いで増やしたいよ!

Q 次の問題に〇・×で答えてください。

① 生活費1カ月分のお金を手元に残しておけば、残り
は全部投資してよい

② 自営業者は会社員よりも「働けなくなった場合への
備え」の重要性が高い

③ リスクに備えたい場合、まず公的保障でどのくらい備
えられるかを知ってから、足りない分を私的保障で
備えるのがよい

④ 親の扶養に入っている学生は病院で医療費を支払
う際、保険対象となる医療費の3割の金額で済む

⑤ 大学を卒業して正社員として働き続ける方法が、どん
な場合でもほかの働き方に比べて生涯賃金は高い

⑥ 働いて稼ぐよりも手っ取り早くお金を増やすことを考
えた方がよい

⑦ 支出を減らしたい場合、保険料などの「固定費」から
見直すのがよい

⑧ 自分で税金を減らして手元に残るお金を増やすこと
ができる

① × 手元に残しておくべき生活予備資金は生活費6カ月〜1年間分が目安

② ○ 自営業者が加入する国民健康保険には、働けなくなったときに受け取れる「傷病手当金」の仕組みがないので備えがとっても大事！

③ ○ 預貯金や民間保険への加入によって公的保障だけでは不足する分を備えることが大切

④ ○ 親が健康保険に入っていてその扶養に入っている学生は、健康保険の保障を受けられ医療費は3割負担となる

⑤ × 働き方によっては生涯賃金がもっと高くなるケースもありえる

⑥ × 手っ取り早くお金を増やす方法はない。「稼ぎ力」を身につけることが資産形成の基本

⑦ ○ 保険料のほかスマホ代や家賃、サブスク会費などの固定費から見直すのがセオリー

⑧ ○ 確定申告や、会社員なら年末調整といった手続きをすることで、所得税などの税金を減らせることも。手続きをしないのは損。

1限目のポイント

その1 —— 生活を守るために公的保障の内容を知った上で、リスクへどう備えるべきかを考えよう

その2 —— 投資の前に「稼ぎ力」を身につけよう

その3 —— 自分にできるお金を増やす方法からチャレンジして「先取り貯蓄」で資産形成をしていこう

資産形成をする上で色々と注意点があること、
わかりましたか?
でも、お金を増やす方法を具体的に
知ることができて、
「何だかできる気がする!」と楽しくなって
きたんじゃないでしょうか?

2限目からはいよいよ具体的に
「投資」について学んで
いきましょう!

手っ取り早く 稼ごうとした私

専業主婦をしていた私は自分の「稼ぎ力」がないことに焦っていました。赤ちゃんを抱っこしながら入った本屋で見つけたのは「専業主婦でも簡単に1億円稼ぐ本(みたいな名前)」。FXの成功者による指南本でした。FXは投機的手段ではありますが、ちゃんと努力して勉強し地道に稼いでいる人もいます。でも、手っ取り早く稼ぎたいと思っていた私は学びも浅く大失敗。結局、多くの貯金を失ったのでした。ラクに稼げる方法というものは、やはりないのです。

2 限目

投資の基本のき

投資ってそもそも何？

「投資は早めにやった方がいい」って
よく聞くけど、そもそも投資って何なの？

これからの長い人生にはたくさんのお金がかかるわけ
ですが、自分のライフプランを実現するためにどう資
産形成していくか、考えてみましたか？資産形成の手
段の一つである「投資」について、具体的に見ていき

ましょう。さて、皆さんは「投資」と聞くと何をイメージしますか？

Q 次のうちで「投資」に当てはまるものはどれ？

---

❶ 株を買う　　❷ 大学で勉強をする
❸ 友だちの相談に乗るために飲みに行く
❹ 営業プレゼンのために洋服を買う

株を買ったりFXしたりするのが投資のイメージ
だけど、友だちの相談に乗ったり
勉強をするのも投資なのかな……。

投資とは、利益を得られることを見込んで資産にお金や時間を投じることを指します。クイズの答えは①「株を買う」だけだと思うかもしれませんが、実は「すべて」です。

お金や時間を投じる資産には株式などの金融商品以外にも、結果的にお金を生むことにつながる「人脈」「信頼」「知識」も含まれます。大学で真剣に勉強すれば、その知識と経験がキャリア形成につながりますね。友だちからの相談ごとに時間を費やせば、信頼されて人脈が広がったり、新品の服で身なりを整えてプレゼンに臨めば説得力が増すかもしれません。いわゆる「自己投資」と呼ばれるものですね。一方、得られる資産のイメージなしでお金を投じる衝動買いは「投資」に含まれず、単なる「無駄遣い」となります。

株式投資のイメージ

さて、株式投資に目を向けてみましょう。皆さんよく目にする株式会社には、投資の仕組みが組み込まれています。企業が人の雇用や商品開発、販売、サービス開発などをするためには資金が必要です。その活動を支える資金の主な調達方法として、金融機関などからの借り入れと株式を買ってもらう投資（出資）があります。つまり投資とは、企業の活動を応援するためにお金を出すことなのです。「投資」と聞くと「怪しいな、怖いな」と思っていませんか？いえいえ投資の本質は、こんな風に未来を明るく成長させるものです。もちろん商品を買うこと（消費）も広義の投資行動の一つですよ。悪い商品や投資サービスに引っかからないよう正しい知識と確かな目を持ち、自分で判断できる人になりましょうね。

投資商品には
どんなものがあるの?

よーし、僕もできる範囲で投資にチャレンジして
世の中のお金を動かしたいぞ!
どんな商品があるのかな?

もし、手元に10年以上使わなさそうな余剰資金が
あったり、毎月投資に回せる黒字のお金があるのな
ら、その一部のお金で投資にチャレンジできます。
色々な商品があるのでいくらから投資できるのか、ど
んなところに投資するのか、どんなリスクがあるのかなど特徴を理
解して自分に合うものを選びましょう。

Q 次の商品のうち、1,000円で投資を始められ
るものはどれ?

❶投資信託　　❷日本株　　❸個人向け国債
❹米国株

1,000円で投資って始められるんだ!
10万円くらいないとできないと思っていたから
ビックリ。少額でできるんだったら
やってみようかな……!

解説

　投資というと、万単位の大きな金額で始めるものだと思っていませんか？実は1,000円程度からできる投資はたくさんあるのです。たとえば株式投資。株主としての権利は限定されますが「ミニ株」という買い方をすれば1,000円程度から始められます。

　アメリカの会社に投資する米国株投資では1株から買えるため、1,000円程度からできるものが多くありますよ。また、1つの商品で様々な資産に分散投資できる投資信託なら、証券会社によっては100円から可能！投資の練習として気楽に始められますね。

　一方、個人向け国債は1万円が最低投資額ですので、クイズの答えは①②④です。

　さて、次に主な投資商品の種類をまとめました。この授業で取り上げないものも下の図と次ページから解説していますが、特に「デメリット」についての解説はよく読んでくださいね。

主な投資商品の種類

株式
概要
・企業が発行する株式に投資する
・配当や値上がりで利益を得る
デメリット
・大きく値下がりする可能性がある
・企業が倒産すると無価値になる

債券
概要
・国や企業などにお金を貸す
・利子や値上がりで利益を得る
デメリット
・発行元が破たんしたら利子や元本が受け取れない

投資信託
概要
・プロにお任せで分散投資できる
・値上がりなどから利益を得る
デメリット
・手数料がかかる
・大きく値下がりする可能性がある

金
概要
・現物を持ち、売って利益を得る
デメリット
・紛失や盗難リスクなど

不動産
概要
・家賃収入や売却で利益を得る
デメリット
・ローンを組み負債を抱えるなど

保険
概要
・解約返戻金の増えるときに解約して利益を得る
デメリット
・コストが高い
・早期解約は元本割れをする

FX
概要
・2カ国の通貨売買で為替レートの差分から利益を得る
デメリット
・為替の値動きの予測が難しいなど

●主な投資商品の概要とデメリット （伝えやすいように代表的なポイントに絞って書いています）

〈株式〉

　上場している企業が発行する株式に投資します。値上がりして売ると利益が得られ、配当や株主優待があることも。ミニ株という買い方をすれば1,000円程度から始められます。デメリットは、経済などの影響を受けて大きく値下がり、損をする可能性があること。また外国株用の口座を開けば米国株も1,000円程度からできますよ。非上場の企業に投資することもできますが、情報が公開されておらず制約も多いので注意。未公開株詐欺なんてものも。

〈債券〉

　国、自治体、企業などにお金を貸すと投資期間は利子がもらえて満期になると投資したお金が戻ってくる仕組みです。個人向け債券なら1万円から始められて元本割れしないのでスターター向き。デメリットは、発行元が破たんし利子や元本が受け取れない可能性や途中で売却する際に値下がりすることなどです。

〈投資信託〉

　プロが各商品の理念や一定のルールにもとづいて投資家から集めた資金を分散投資して運用します。1つの商品で様々な資産に分散投資でき、100円から始められる証券会社もあります。デメリットは、保有している間は手数料がかかることや売却する際に値下がりしていれば損をすることなどが挙げられます。

〈金〉

　金の延べ棒などの現物を持ちます。積立投資もできて、世界共通の高い価値があるのでインフレにも強いです。デメリットは利子や配当金のような保有中の利益がなく、買値より高値で売るまで利益

がないこと、また高い手数料や紛失・盗難リスクなどがあります。

〈不動産〉

　アパートやマンションなど不動産を買って人に貸すことで家賃収入を得たり、売ることで売却益を得ます。価値のある物件選びができれば、安定的に所得を得られるというものです。デメリットとしては入居者が入らないと家賃収入がなくなること、売却したくてもすぐに現金化できないことなどがあります。また、投資用ローンを組むため大きな負債を抱えるので、もはや投資ではなくビジネスともいえ、気軽に始めにくい投資商品として代表的なものとなります。

〈保険〉

　貯蓄性のある終身保険などに入り、解約返戻金が増えるタイミングで解約します。ただし将来の解約返戻金が固定されているものも多く、インフレに弱い一面も。その弱点をカバーする、投資信託が組み合わされた変額保険もあります。デメリットは、保険料に組み込まれる保障に対する費用があり、運用に回る資金が少なくなるため、自分で運用した方が利回りが高くなる可能性があります。

〈FX〉

　2カ国間の通貨（例：円とドル）を売買して為替レートの差分で利益を得ます。金利差によって発生する利息のようなスワップポイントも得られます。またレバレッジ（資金の25倍まで取引できる）という仕組みがあり、大きく増やせる代わりに損失も大きくなり、場合によっては借金となる恐れがあったり、為替の値動きの想定が難しく長期投資には向かないという面も。

　世の中ではメリットが強調されがちですが、デメリットに着目してください。デメリットも含めて納得できたら投資を始めましょう。

暗号資産ってよく聞くけれど投資商品なの?

最近インスタで「暗号資産で投資!」って言葉をよく見るから気になっているんだよねー!

SNSやWEBサイト、テレビCMでよく目にする「暗号資産」という単語を見て「株とか投資信託と何が違うの?」「すごい!儲かりそう!」と興味を持った人も多いのではないでしょうか。そもそも暗号資産とは何なのか、その特徴とリスクを知った上でどう付き合うかを自分で判断できるようになりましょう(暗号資産は仮想通貨と同義)。

> 日本には代表的な暗号資産のビットコインで買い物のできる店舗がある。○か×か。
>
> ○   ×

解説

あまり多くはないですが、国内にもビットコインで買い物のできる店舗があるんです。だから答えは①。「ビットコインで払いたい」と伝え、スマホの暗号資産アプリでコード決済を行います。

暗号資産とは、紙幣や硬貨のようなものではなくネット上でデータとしてやり取りするお金です。国が発行管理している法定通貨と

暗号資産とは何か

は異なり、発行主体がなく管理しているのは利用者全員。やり取りの記録を鎖のようにつなげて残し、データの改ざんなど不正があったら指摘しあえるブロックチェーン技術が使われています。

2010年にビットコインが登場してから今や数千種類の暗号資産が存在していて、送金・決済・寄付・企業の資金調達など様々な場面で利用されています。アートやゲームのアイテムなどに資産価値を持たせて取引ができるNFTも話題で、その決済手段として暗号資産を持つ人もいるでしょう。

便利な点も多い半面、暗号資産への投資は値動きが激しすぎて大損するリスクがあり、資産形成に向いた投資商品とはいえません。株価と同じように、暗号資産の価格も買いたい人たちが多ければ高くなり、売りたい人たちが多ければ低くなります。でも、株と違っていきすぎた価格上昇や下落を阻止するストッパーがありません。そのため、たった1日で3割以上も下がるなんてことも。また、価格変動の原因がわかりづらいのもデメリットです。

企業の成長に伴って価値が上がる株式とは違い、暗号資産は買う人たちの思惑だけで価格が上下するため、暗号資産自体に成長性があるとはいえません。もちろん、将来性に期待して失ってもよい額で買っておくのはアリですが、一攫千金を狙って大金を投下するのはナシ。一部の成功者の発言に惑わされないようにしましょう。また、SNSを入口とした投資詐欺もその相性の良さから暗号資産が活用されていることが多いので気をつけて（P210参照）！

ローリスク・ローリターンって どういう意味?

お金はすごく増やしたいけれど、
損するのはイヤだなあ。
損しないで増やせる商品はあるかな?

投資商品を選ぶ際に、その商品がローリスク・ローリターンのものなのか、ハイリスク・ハイリターンのものなのかを知っておくことが大切です。
そもそも、投資の世界で「リスク」と「リターン」とはどういう意味で、両者にはどんな関係があるのでしょうか。

Q 次の投資話を持ちかけられたとする。
どちらの方が「リスク」が高いといえる?

100万円が　❶2分の1の確率で0円or200万円になる
　　　　　　❷3分の2の確率で0円、3分の1の確率で300万円になる

解説

「リスク」という言葉には、イヤなことに遭うイメージがあります。事故に遭う可能性や試験に落第する恐れなど、マイナスなことを予想するときに使いますよね。しかし、投資の世界における「リスク」はプラスにもマイナスにもなりうる、「将来の不確実性」を表します。そのため、クイズの答えはより不確実性が高い②となります。

リスクとリターンの関係

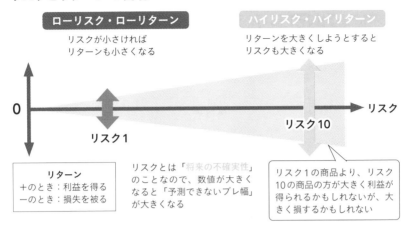

ローリスク・ローリターン
リスクが小さければ
リターンも小さくなる

ハイリスク・ハイリターン
リターンを大きくしようとすると
リスクも大きくなる

0

リスク1

リスク10

リスク

リターン
＋のとき：利益を得る
－のとき：損失を被る

リスクとは「将来の不確実性」
のことなので、数値が大きく
なると「予測できないブレ幅」
が大きくなる

リスク1の商品より、リスク
10の商品の方が大きく利益が
得られるかもしれないが、大
きく損するかもしれない

　図中のリスク1の商品はほとんどリスクがないため、ほぼ将来が
安定しているけれど得られる利益も小さくなります。たとえば預金
が該当します。不確実性が大きくなるとリターンも大きくなる性質
があるため、リスク10の商品はリスク1の商品に比べて大きく利益
を得られるかもしれないけれど、大損する可能性もあるものです。
たとえば株式投資が該当します。リターンを大きくしようとすると
リスクも上がるため、ローリスク・ハイリターンな商品は存在しま
せん。万が一、そのような商品を紹介されても騙されないように。
リスクが高い商品ならば必ずリターンが大きくなる、というわけで
はないので、思い違いをしないように気をつけましょう。

　商品を選ぶ際は、過去の値動きの平均である「平均リターン」と、
値動きのブレ幅（リスク）である「標準偏差」のデータを確認して、
ある程度今後を予測すると選びやすくなります。

　たとえば1年間の平均リターンが3％で標準偏差が5％だった場
合、過去1年では約68％[※]の確率で－2～＋8％（リターン3％±標準偏
差5％）に収まる値動きだったとわかります。同じリターンの商品の
場合、標準偏差が小さい商品の方がブレ幅が小さく運用効率が優れ
ているといえ、商品選びの参考になるでしょう。

※統計学の考え方で、1σ（シグマ）標準偏差±1つ分のデータに収まる割合

05

利回りと利率の違いは?
実質利回りとは?

え!「利回り」と「利率」って
同じ意味だと思っていた。
どっちも「どのくらい儲かるか」じゃないのかな?

利回りと利率のどちらにも「利」という字が入っているので、利益や儲けを表すことは感覚的にわかるかもしれませんが、具体的な意味の違いを知らない人も多いのでは?

どちらも大事な概念ですが、投資の世界では利回りがどのくらいかチェックするのが大事。一体、利率とどう違うのでしょうか。

Q 1万円で投資商品を買った。5年後に売ったところ5,000円儲かった。年利回りは何%?

❶ 50%　　**❷** 10%

1万円の半分も儲かったんだから、
50%じゃないのかな?

解説

「利回り」とは、投資金額に対する収益の割合です。「いくら支払っ

利回りと利率の違い

利回りの求め方

$$\frac{収益（利息・売却益）÷ 投資期間}{投資金額} \times 100$$

利率の求め方

$$\frac{年間利息}{投資金額} \times 100$$

ていくら戻ってきたか」という割合ですね。一般的に利回りというと、「1年間あたりに換算した割合」を指すので、「年利回り」「年平均利回り」なんて言い方もされます。クイズでは投資金額が1万円、5年間で得られた収益が5,000円ですので、「5,000円÷5年間÷1万円× 100 ＝ 10％」となり、②が正解となります（単利で計算）。

　このようにどのくらいの期間運用するかという「時間軸」が反映されるのが利回りなので、運用効率を調べたいときに活用できます。

　一方、「利率」は投資金額に対する年間利息の割合を指しており、投資期間が結果に反映される利回りとは異なり、あくまで単年ベースです。たとえばある定期預金に1万円預けて、年間利息が500円だった場合の利率は「500円÷1万円× 100 ＝ 5％」となります。

　投資をするときには、実際に手にできる金額で出す利回り「実質利回り」を参考にしましょう。たとえばクイズの場合は税金を考慮していませんが、もし考慮すると、儲かった5,000円から20.315％の1,015円が引かれ、5年間で手にできたのは「3,985円」となります。実質利回りを計算すると「3,985円÷5年間÷10,000円× 100 ＝ 7.97％」となり、10％より下がるんです。商品のパンフレットなどに書いてある、表面的な利率だけではなく、税金などの差し引かれるお金も考慮して「一体どのくらいの収益を得られるのか」実質利回りで効果を知ることが大切ですよ。

06

単利と複利って何?

何だか高校のときに習った気がするな。
うーん、どんな違いがあるんだっけ。

単利と複利は利息のつき方を表す言葉です。預貯金を
はじめとする投資商品だけでなく、カード払いやロー
ンなど借金をするときにも利息はつくため、資産形成
する人にとって単利と複利、それぞれの特徴や違いに
ついて理解しておくことがとても大切です。

> **Q** 金利3%で100万円を20年間、1年複利で
> 運用した場合、20年後にはどのくらい増える?
>
> ❶ 約60万円　　❷ 約80万円　　❸ 約100万円

1年間で3万円つくんだから……
20年間なら60万円?

解説

単利とは「預けた金額(元本)から利息を得る方法」、複利とは「預
けた金額+利息を再投資して利息を得る方法」です。図を見てみま

単利と複利の違い

単利

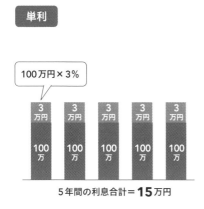

100万円×3%

5年間の利息合計＝**15万円**

複利

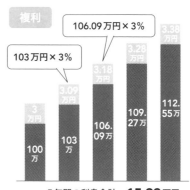

106.09万円×3%

103万円×3%

5年間の利息合計＝**15.93万円**

しょう。クイズの場合のように1年複利で運用すると、1年目につい
た利息「100万円×3％＝3万円」が翌年の元本に加えられ、翌年は
「100万円＋3万円＝103万円」で運用されます。そのため、翌年つ
く利息は「103万円×3％＝3.09万円」になるのです。

　毎年利息が3万円である単利に比べると、元本が膨れ上がってい
く複利の方が利息はどんどん大きくなっていきます。小さな雪の玉
を雪の上で転がすと、どんどん大きくなっていく様子と似ているこ
とから「雪だるま式に増える」なんて言い方もされるのが複利です。
翌年の元本を出す計算式は「元本×（1＋利率）」となるため、20年
間複利運用した場合の計算式は「100万円×（1＋3％）^{20}」で約「180.6
万円」に。よって、クイズの答えは②の80万円となります。「単利」
を求める場合は①が答えです。

　運用状況によって異なる場合もありますが、このように同じ元本
でスタートしても、長期になるほど単利と複利で利息の差は大きく
なります。そして、複利運用をする場合「何年で2倍に増やせるか」
がすぐにわかる「72の法則」も覚えておきましょう。公式は「72
÷金利＝2倍になる年数」となります。金利3％の場合は「24年後
に100万円が200万円になる」というわけですね。

円安・円高って
自分の利益に影響するの?

**ニュースでよく「円相場は1ドルいくら」って
やっているけれど、海外旅行するわけじゃ
ないし僕には関係ないよね?**

いえいえ、海外旅行をしなくても「為替」は私たち
の生活に大きく関わっています。円安や円高というの
は、外国のお金に比べて日本の「円」の価値が高く
なったか低くなったかを表す為替の言葉。

たとえば1ドル＝100円から120円になった場合、円の価値が低く
なっているので「円安になった」、1ドル＝80円になった場合、円
の価値が高くなっているので「円高になった」と表されます。

>
>
> Q 日本にある海外ブランド「GUCCI」で500ドル
> の財布を買う予定。今が1ドル＝100円の場合、
> 円高と円安、どちらの時期に買う方がお得?
>
> ❶ 円高になったとき　　❷ 円安になったとき

解説

　海外のものを買う場合、現地では円をその国の通貨に交換して支
払いますが、国内で買うときはそのときの交換比率＝為替相場によ
りいくらで買えるかが変わります。「ドルに対して円高になった」

買い物にも影響する「円高」「円安」

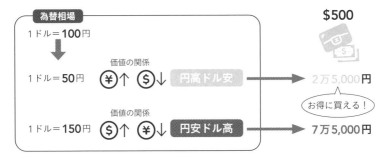

とは、円に対するドルの価値が下がる「円高ドル安」の状態です。

クイズの場合、財布の値段は500ドルなので1ドル＝100円のときは5万円かかります。そこで円高になり1ドル＝50円となると、なんと半額の2万5,000円で買えることに！円安で1ドル＝150円になると500ドルの財布は7万5,000円。なので答えは①。国内で買うときは、円高の方がお得に買えて円安だと損することもあるのです。

身の回りを見渡すと、海外からの輸入品でつくられているものや海外メーカー製のものがたくさんあることに気づきます。たとえば小麦は国内消費量の約9割[※]を輸入に頼っており、小麦からできるパンやパスタは円安になると値上がりします。アメリカのApple社製のiPhoneも同様です。その一方で、海外から日本へやってくる旅行者にとって円安はお得な状態です。なぜなら1ドルで使える日本円が多くなるから。だから円安局面になるとインバウンド消費が見込めるため、日本の旅行業界は盛り上がるわけです。

投資商品への影響も大きいです。円の価値が下がる円安になると、輸出を行う国内企業の株価は上昇する可能性が、対して輸入を行う企業の株価は下落の可能性があります。また、ドルなど外貨建ての投資商品（外貨預金や外国投資信託など）では、円建ての資産価値が高まり利益が大きくなります。円高はその逆です。為替が自分の生活にどんな影響を及ぼしているのかを考えてみましょう。

※出典　農林水産省「麦をめぐる最近の動向（令和5年7月）」
https://www.maff.go.jp/j/syouan/keikaku/soukatu/attach/pdf/mugi_kanren-55.pdf

「一括投資」「積立投資」って どっちがいいの?

お金が貯まってからドカンと投資したいけど、
どっちが増やせるのかな?

投資する方法には、一度に投資商品を買う「一括投資」と、同じ投資商品を毎月同じ金額分だけ買う「積立投資」があります。たとえば投資資金が12万円ある場合に、一度に12万円投資するのが「一括投資」。月1万円ずつ12回に分けて投資するのが「積立投資」です。どちらにも良し悪しがあるため特徴を理解しておきましょう。

Q ある投資商品に毎月1万円を10年間積立投資した(投資金額120万円)。スタート時の価格は1万円だったが、下がり続け7年目からまた上がったものの、今は5,000円とスタート時の価格の半分。さて、投資資産は今どうなった?

❶120万円の半分 **❷120万円よりも多い**

投資商品が半分の価格になっているんだから、
投資資産もきっと大損なんじゃないかな?

一括投資と積立投資の特徴

	メリット	デメリット
一括投資	・短期的に大きく増やせる可能性あり ・上昇局面では積立投資より増やせる ・余剰資金を一気に投資に回せる	・まとまったお金が必要になる ・暴落時は大きく損をする ・低いときに買うことが求められるので買い時が難しい
積立投資	・一度に大きな金額を準備しなくてよい ・買い時に悩まなくて済む ・損する大きさが一括投資より小さい	・短期では大きな利益は見込めない ・上昇局面での増え方が一括投資より穏やか

A ずっと上がっているとき	B 一度下がって上がるとき	C ずっと下がっているとき
一括投資 有利	積立投資 有利	状況による

　一括投資はとてもシンプル。買ったときよりも値上がりすればその分増えるし、値下がりすればその分減ります。短期的に大きく増えて得することも損することもあり、いかに安いときに買えるかが肝。クイズの場合、もし最初に120万円一括投資をしたら今の資産額は半分に。買い時を見極めるのが難しいですね。

　一方、積立投資は毎月同じ金額で少しずつ買い付けていきます。価格は随時変動するので、同じ1万円でも買える「量」が増減します。たとえば1月の価格が1万円だった場合、買える量は1個。2月に2,500円に値下がりすると4個も買えます。3月に5,000円に戻ったとしても2個買えて、3カ月（3万円）で買えた合計は7個。1月に3万円を一括投資した場合（3個）より多く手に入れられることに。

　このように「一度下がって上がる」図Bの値動きの場合、積立投資が有利なことが多いです。しかし図Aの「ずっと上がっている」値動きの場合は一括投資が有利。図Cはそれまでの経過により異なるなど、一概にどちらがよいとはいえません。ただし、当初の投資資産が少なく暴落時のけがも相対的に少ないのは積立投資。買い時に悩まず少ないお金で気軽に始められるのがメリットです。クイズの場合は図Bの「一度下がって上がる」ケースにあたり、投資資産は120万円よりも多くなっている可能性があるので答えは②です。

9

積立期間とお金の増え方の関係を教えて！

僕にできる範囲で積立投資したとして、どのくらい増えるのかが知りたいなあ。

一括投資では、価格の増減と同じように投資資産も増減するのでわかりやすいですが、積立投資では毎月同じ金額を積み立てるためどのように資産が増減しているのかわかりづらいもの。

どのくらい資産が育つのかをイメージするために、2通りの積立期間についてシミュレーションをしてみましょう。

Q 20〜60歳まで毎月1万円を積立投資するのと、40〜60歳まで毎月2万円を積立投資するのでは、どちらの方が資産を増やせる？（投資先と期待平均利回りは同等とする）

❶20〜60歳まで ❷40〜60歳まで

合計の投資金額は同じだから、同じなんじゃないかな。

投資額が同じでも長期で積立した方が有利

〈40年間毎月1万円を積立投資した場合〉

約926万円

積立金額 480万円

〈20年間毎月2万円を積立投資した場合〉

約656万円

積立金額 480万円

・平均利回り3%と仮定
・当該数値はあくまでもシミュレーションであり将来の成果を約束するものではない
・運用中の値動きは架空上のもの
・手数料、税金等は考慮しておらず実際値と異なる場合がある
・年1回の複利計算を行ったもの

　同じ金額を投資した結果なので「同じなのでは？」と思った人も多いのではないでしょうか。しかし、答えは違います。

　40年間毎月1万円を積立投資した①のケースで、40年間の平均利回りが3%であった場合、合計積立金額480万円に対して60歳時点で期待できる資産額はなんと2倍近くの約926万円。それまでの積立金額を下回る元本割れの時期がありながらも、徐々に資産が積み上がってこれほど大きく育つことも期待できるのです。

　一方、積立スタート時期が20年遅れの20年間積立投資した②のケースでは、合計積立金額は480万円と同じにも関わらず、60歳時点で予想される資産額は約656万円と①より約270万円も少なくなるという結果に。なので、クイズの答えは①。

　このように積立投資では、平均利回りが同じだった場合、積立期間が長くなるほど運用成果が大きくなる傾向があります。

　また、積立期間が長い方が元本割れの可能性が減るというデータもあります。地域や資産を分散した投資先に5年間積立投資した場合と、1つの投資先に10年間積立投資した場合の実績を比べると、短期間の5年間の方が元本割れする時期の登場回数が多いのです[※]。

　しかし、こうした効果も途中でやめれば薄れてしまいます。できるだけ減る可能性を少なくし複利効果を大きくするには、積立投資を早めに始めて投資し続けることが大事なのです。

※参考　金融庁「つみたてNISA早わかりガイドブック」
https://www.fsa.go.jp/policy/nisa/20170614-2/14.pdf

10

少しでもお金が減るリスクを下げたい！どうすればいいの？

**さっき教えてもらった「長期投資」も
リスクを下げるコツの一つだよね！
ほかにもあるのかな？**

せっかく投資を始めても、運用中には投資した金額よりも資産額が下回る時期が出てきてしまいます。こうしたリスクを少しでも減らすためには「分ける」ことがコツになります。何を分ければよいのでしょうか。

> **Q** 次の2つの状況があった場合、どちらの方が
> 投資資産の値動きが少ないと思われるか？
>
> ❶ 1つの会社に10万円投資。その株価が50％下落した
> ❷ 業界が異なる5つの会社に2万円ずつ投資。ある業界の会社の株だけ50％下落した

**投資金額は同じだけど①だと10万円が
5万円に。②だとどうなるのかな？**

解説

①の場合、1社の株式に全額を投資しているので株価の値動きに

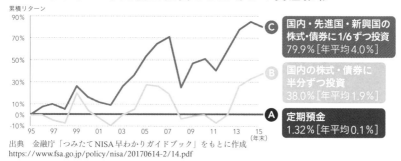

1995年から20年間積立投資をした場合の資産推移

累積リターン

- **C** 国内・先進国・新興国の株式・債券に1/6ずつ投資 79.9%[年平均4.0%]
- **B** 国内の株式・債券に半分ずつ投資 38.0%[年平均1.9%]
- **A** 定期預金 1.32%[年平均0.1%]

出典 金融庁「つみたてNISA早わかりガイドブック」をもとに作成
https://www.fsa.go.jp/policy/nisa/20170614-2/14.pdf

100%依存しているといえます。株価が50%下がれば投資資産も半分になるというわけです。同じ業界の会社の株価は同じように動くのが一般的なため、業界が異なる会社に分けて投資する②の場合だと、1社の株価が50%下落してもほかの業界の4社すべてが影響を受ける可能性は低いでしょう。なので②の方が値動きは安定します。

また、資産を分けるというのもコツの一つです。たとえば、そもそも値動きが大きい株式投資と値動きが比較的小さい債券投資を組み合わせることによって、リスクを小さくすることができるのです。

投資する地域を分けるのもコツです。日本は90年代初頭から30年間経済成長がほとんどありませんでした。しかし、世界に目を向けるとその時期に多くの国がぐんぐん成長していたのです。上の図は1995年から20年間毎年同額を積立投資した場合の資産推移です。日本の株式と債券に投資した場合の **B** に比べて、先進国・新興国も加えた株式と債券に投資した **C** の方が、元本を割ることもなく資産も大きく増やせていたんですね。

このように、投資先を複数に分ければ大きな損をするリスクを減らせます。誰かがミスをしたらほかの誰かがカバーをして、勝利を目指す……そんなチームプレーをイメージするとわかりやすいですね。今後の経済成長が見込まれるところに投資できれば資産を大きく育てられますが、それを正確に予測するのは至難の業。資産分散と地域分散のチームプレーでリスクと上手に付き合うことが大切です。

11

投資するときって
どんなコストがかかる?

コストって、手数料とかのことかな?
もしかして資産が増えると税金もかかっちゃう?

投資商品をつくったり、預かったお金の管理や売買をしたり、投資の世界には色々な会社が関わるため、投資をすると様々な手数料がかかります。会社や商品によっても手数料は異なるので、できるだけコストを下げられる投資方法を選ぶのが勝利への道です。

Q 同じ値動きを目標とした2つの投資信託がある。
どちらの投資信託を買った方が利益は大きくなる?

❶ 信託報酬(運用管理費用)1%の投資信託
❷ 信託報酬(運用管理費用)0.5%の投資信託

難しい言葉が出てきたぞ。
信託報酬って手数料のことかな?
だとしたらやっぱり②の方が稼げそうだぞ。

お見事!投資ではいかにコストを下げて利益を大きくできるかがポイント。「信託報酬(運用管理費用)」というコストが低い②が答えです。

信託報酬の違いによってこんなに差が生まれる！

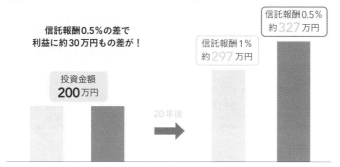

信託報酬0.5％の差で
利益に約30万円もの差が！

投資金額
200万円

20年後

信託報酬1％
約**297**万円

信託報酬0.5％
約**327**万円

・平均利回り3％と仮定した場合
・信託報酬は本来、日々の基準価額から差し引かれる
　本試算では年に1度差し引いているため実際の数値とは異なる可能性がある

　投資商品によってかかる手数料は異なります。たとえば投資信託を運用している間ずっとかかる手数料は「信託報酬（運用管理費用）」といい、原則どんな投資信託を買ってもかかります。ただ、商品によって信託報酬は異なるので、同じような運用成果が期待できる複数の投資信託で悩んだ場合は一番信託報酬が低いものを選べばよいのです。

　上の図は、信託報酬に0.5％の差があると運用成果にどのくらいの影響があるのかを試算したものです。最初に200万円を投資して20年間運用を続けた場合、信託報酬が1％かかる商品での利益は約97万円でしたが、信託報酬が0.5％かかる商品での利益は約127万円と約30万円もの差が！コストを抑えることがいかに重要であるかがわかったのではないでしょうか。

投資信託には「信託報酬」以外にも、買うときに「購入時手数料」、売却するときに「信託財産留保額」もかかることがあります。

でも、保有中にずっとかかる「信託報酬」が一番影響大。
買うときに必ずチェックすべきコストです。

ほかの投資商品には
どんなコストがかかるんだろう？

●主な投資商品にかかるコストの例

【投資信託】

・**信託報酬**（運用管理費用）

　保有中、保有額に応じて日々信託財産から差し引かれる

・**購入時手数料**

　買うときに販売会社に支払うものだが、最近はかからない
　ノーロードファンドも多い。後ほど紹介するつみたてNISA
　やiDeCoで投資信託を買う場合もかからない。ただし、つみ
　たてNISA対象商品であっても、つみたてNISA以外で買う
　とかかる場合もある

・**信託財産留保額**

　解約（換金）する際にかかることもある

【株式】

・**売買手数料**

　買うとき、売るときのそれぞれにかかる。対面の証券会社よ
　りネット証券の方が低い傾向。1回の売買ごとにかかるタイ
　プや1日定額制のタイプなど、金融機関によって様々

【債券】

国内債券の場合、手数料などのコストは原則ない。外貨建ての
債券の場合は円と外貨を交換する際、基準の為替レートと取引
レートの差である「スプレッド」がコストとしてかかる

手数料は要チェックだね。
あとは、利益にかかる税金も気になるな……。

　私たちは、給与などの収入を得た際「所得税・住民税」という税金を支払わなければなりません。所得税は「収入−その収入を得るためにかかった経費」で求められる所得に対してかかるため、まるまる給与全部にかかるわけではありません。一定の経費相当を引くことができます。投資の場合では、得られた「利益」に所得税・住民税がかかります。利益が得られるタイミングには「売却したとき」「配当を得たとき」「利子を得たとき」があり、それぞれでかかる所得税の種類は異なってきます。

●日本で投資した場合にかかる主な所得税

【譲渡所得】
株式や投資信託、債券を売却したときに得られた利益に課せられる

【配当所得】
株式投資において企業から受けた配当金、また投資信託のうち公募株式投資信託で得られる収益分配金の「普通分配金」に課せられる（詳しくは5限目）

【利子所得】
投資信託のうち公社債投資信託で得られる収益分配金の「普通分配金」、その他債券や銀行預金で得られる利子に課せられる

※コストや税金については金融機関や投資商品、投資家の状況によっても異なる場合があるため、具体的な金額を知りたいときは、金融機関や投資商品の情報を参考にしたり、税務署に相談するのがおすすめ

12

投資すると親の扶養から
外れちゃうこともあるの?

 父親から「アルバイトで稼ぎすぎるなよ」って
言われるんだ。
もしかしたら投資で稼ぐのもまずいのかな。

 学生の間は親の扶養に入っている人が多いでしょう。
「扶養を外れないようにアルバイト収入に気をつけて」
と言われることもよくあるのではないでしょうか。
「親の扶養に入る」というのは一体どういうことなの
でしょう。また、投資することによって親の扶養から外れるケース
や生じるデメリットにはどんなことがあるのでしょうか。

 Q 年収600万円(所得税率10%)の人が大学生(19
〜22歳)の子どもを扶養に入れている場合、
入れていない場合と比べると、どのくらい税金
は少ないでしょうか。

① 約5万円　　② 約10万円

解説

　親の扶養から外れるデメリットは主に2つあります。1つは、親が
支払う税金が高くなること。もう1つは、自分自身の健康保険料の
支払い義務が発生するかもしれないことです。ちなみに国民年金は

扶養控除の仕組み

19〜23歳未満の子どもを扶養している場合

所得税で 63万円の控除 → 税率10% → 6.3万円安くなる

住民税で 33万円の控除 → 税率10% → 3.3万円安くなる

年間合計所得金額 48万円 を超えると……扶養を外れる！

20歳以上であれば扶養内でも保険料を支払わなければならないのでご注意を。

　所得税・住民税を計算するときは、個人の環境などに応じて様々な控除が受けられます。その控除が大きくなると課税対象の金額が減り税金が安くなります。控除の一つ「扶養控除」では19〜23歳未満の子どもを扶養している場合、所得税では63万円引いてもらえるため、所得税率が10％だと所得税が6.3万円安くなります。住民税の税率は一律10％（所得割）。扶養控除は33万円なので3.3万円安くなり合計は9.6万円に。答えは②となります。親の年収が高くなれば税率も高くなるため、影響はさらに大きくなります。

　この扶養控除は、子どもの年間合計所得金額が48万円を超えると受けられなくなります。アルバイト収入だけの場合は年収103万円（給与所得控除55万円分を差し引いて所得48万円）がボーダーライン。投資の利益がある場合は、その利益も含めた所得が48万円を超えると扶養を外れます。ですが、どれだけ投資の利益を得ても扶養から外れないようにする方法があるのです。次の節で解説しますね。

　健康保険は親が入っている健康保険組合などによっても異なりますが、多くの場合「恒常的に年収130万円以上を得る」ことが扶養を外れるボーダーラインとなっています。なので、投資の利益だけで外れることはほとんどないですが、気になる場合は親に確認しておくと安心ですね。健康保険にも利益を気にせずにいられる方法があるので次の節から学んでいきましょう。

13

「特定口座」と「一般口座」 どっちがいいの？

証券会社のHPを見ていたら
口座って何種類かあるんだね。
特定口座と一般口座……どう違うのかな。

証券会社や銀行で証券口座を開くときに悩むのがこの「特定口座」と「一般口座」の選択。一度選んだらもう変えられないわけではありませんが、違いがわからなければ選びづらいもの。それぞれの特徴とメリットを知って自分に合う口座を選びましょう。

Q 証券会社で投資をしたときに、利益や損失の計算から納税までお任せできる方法がある。〇か×か。

① 〇 **②** ×

いっぱい投資をするようになると、利益とかの管理も大変だもんね。納税も任せられたら便利だな。

答えは〇。「特定口座」を使えば、任せられますよ。複数の投資をしたときには利益と損失を相殺する「損益通算」もこの口座の中で完結するから、とても便利なのです。

特定口座と一般口座の違い

　証券口座には、特定口座の源泉徴収あり口座と源泉徴収なし口座、一般口座の3種類があります。特定口座の特徴は、利益や損失の計算から税金の計算まで、年間を通して金融機関が担ってくれる点です。「源泉徴収あり」を選ぶと、金融機関が取引ごとにかかった税金を利益から差し引いて投資家の代わりに納税してくれるので、原則確定申告をしなくてOK。なので、源泉徴収ありの特定口座にすれば、どんなに利益が出ても自分の所得に加算されないため、親の扶養から外れず大学生におすすめです。

　ちなみに、ほかに所得がなく、投資で得た利益が年間48万円以下の場合は源泉徴収で税金を払いすぎているため、確定申告すれば還付を受けられます(※)。

　また、ほかの金融機関での取引と損益通算したい場合の還付や損失分が残ったときに翌年以降の3年間に繰り越す「譲渡損失の繰越控除」も確定申告で利用できます。ただし、NISA制度の取引では損失があっても損益通算はできないためご注意を（詳しくは6限目）。「一般口座」や「特定口座（源泉徴収なし）」を選ぶと、税金の精算や徴収はしてくれないので確定申告が必要となり、自分の所得とみなされます。

　一般口座でないとできない取引もありますが、初めて投資をする人や学生には「特定口座・源泉徴収あり」がおすすめです。

※確定申告をすると所得に加算される

14

実際にやってみよう!
〜口座開設〜

**口座の違いもわかったし、早速投資を
始めてみよう!まずは口座を開かないとね。**

さて、2限目の最後は実際に投資を始める準備をして
みましょう!どんな投資を始めるにも、投資資金を入
れて取引する口座を開設する必要があります。

最近は、スマホ1つで開設できる金融機関も多いので
開設自体は気楽にできますよ。まずは口座を開くところから始めま
しょう。

証券会社の口座を複数持つと、口座開設料や
管理手数料がかかりもったいない。○か✕か?

❶ 　　❷

**開設料なんてかかるのかな?
銀行の口座だって無料で開けるし……。**

その認識で合っています。銀行の預金口座と同じく、
証券口座を開くだけや持っているだけでお金はかから
ない。答えは②ですね。

　証券口座はおおまかに次の4つのステップで開設できます（細かな流れは金融機関によっても異なります）。

［ステップ1：金融機関の選択］

　まずは投資を始める金融機関を選びます。日常使いの銀行でも投資信託やつみたてNISAを取り扱っていますが、株や債券は買えません。長く投資と付き合っていくことを考えたら、投資先の選択肢がより多い証券会社で開くことをおすすめします。NISAやiDeCoを始めたい場合は、取り扱い商品を確認してできるだけ種類の多いところを選ぶとよいでしょう。株取引をする場合は、売買手数料が無料または安いプランがあるところがおすすめです。

［ステップ2：申し込み（必要書類の準備）］

　多くの金融機関ではネットから「口座開設申込書」を請求できます。必要事項を記入・署名・捺印の上、必要書類（通常はマイナンバー（個人番号）確認書類、本人確認書類）を添えて提出します。郵送が必要な金融機関もありますが、スマホ1つで完結する会社もあります。

［ステップ3：審査と承認］

　金融機関が書類を審査して本人確認などが完了した後、口座開設の承認が行われます。数営業日かかります。

［ステップ4：入金と取引開始］

　口座開設が承認されたら、口座に投資する資金を入金して取引準備OKです。最初の設定時に個人情報の入力や配当金受領方式[※]、出金口座などの指定も求められます。

　NISAやつみたてNISAをしたい場合は、証券会社のWEBサイトにある「NISA口座申込」ボタンを選択して同じステップで進めます。通常は証券口座と同時に開設することになります。

※配当金受領方式には主に次の2つの方式がある。
・「株式数比例配分方式」：配当金を証券口座に振り込んでもらう。使い勝手がよいのはこちらの方式
・「登録配当金受領口座方式」：配当金を銀行口座に振り込んでもらう

ふふふ……証券口座を開いたぞ!!
一番最初に何に投資しようかなー!

Q 次の問題に○・×で答えてください。

① 投資信託は100円で買うこともできる

② 暗号資産は投資に向いていないため絶対に持って
はいけない

③ 商品を選ぶために過去データを参考にするときは、
同じリターンの場合、標準偏差の小さい商品の方が
よい

④ 普通預金(年利回り0.001%)で複利運用した場合、
2倍に増やせるまでには720年かかる

⑤ 毎月5,000円を30年間積立した場合と毎月2万円を
10年間積立した場合、同じ平均利回り(3%)だとし
たら30年間積立をした方が最終的には金額が大き
くなる

⑥ 株で配当金をもらったら譲渡所得という税金がかかる

⑦ 株で利益が大きくなったら自分で国民年金保険料を
払わなければいけない

⑧ 確定申告で投資の利益を申告すると親の扶養から
外れてしまうことがある

$$\longrightarrow 答え \longrightarrow$$

① ○ 証券会社によっては100円で買うこともできる

② × 投資対象として長期的に持つにはリスクが大きく向いていないが、NFTに使ったり余剰資金で少額を持つのはかまわない

③ ○ 標準偏差は商品の値動きのブレ幅のこと。同じリターンならばブレ幅が小さく運用効率の高い方がよい

④ × 複利運用した場合、2倍になる年は72の法則より「72÷0.001＝72000」なので72000年かかる

⑤ ○ それぞれ投資額の合計は、30年間で180万円、10年間で240万円と、30年間の方が投資額は少ない。しかし、結果は30年間で291.4万円、10年間で279.5万円と30年間の方が大きい。利回りにより金額は変わるため、金融庁「資産運用シミュレーション」サイトで試算をしてみよう（税金・手数料は含まない）

⑥ × 配当金に課せられる所得税は「配当所得」となる

⑦ × 国民年金保険料は、20歳以上の人であれば所得金額に関係なく加入と支払いが義務づけられている

⑧ ○ 投資の利益によっては、確定申告すると親の扶養に入る基準となる「年間合計所得金額」を超え、親の扶養から外れる可能性がある。「特定口座・源泉徴収あり」を選べば確定申告はしなくて済む

2限目のポイント

その1 —— ローリスク・ハイリターンの商品はない

その2 —— 「投資」の意味を正しく理解して、自分の知識を商品選びに役立てよう

その3 —— まずは口座を開設して投資を始めてみよう

口座も開設できて、ワクワクしている人も多いでしょう。でも、口座に入れるお金は「余剰資金」にすること。すぐに使える資金を手元に残すことが大前提です。何事もやってみないとわかりませんし、やって初めてわかることはたくさんあります。3限目は株式投資。皆さんの家族が勤める会社も株式を発行しているかもしれませんね。学んだ内容を家族でシェアするのもおすすめです。

便利な「126の法則」

複利運用した場合、何年で2倍に増やせるかがすぐわかる「72の法則」(P75参照)のほかにも紹介したい法則があります。それが**「126の法則」**です。この式を使うと、積立投資をした場合に**お金が2倍になるまでの期間**が簡単に計算できるのです。

〈一括投資をする場合に使う「72の法則」〉

72 ÷ 金利 = 2倍になる年数

〈積立投資をする場合に使う「126の法則」〉

126 ÷ 金利 = 2倍になる年数

たとえば「3%で月1万円を積立投資しよう」と考えた場合、「126 ÷ 3 = 42」なので「42年間積み立てれば元本504万円の2倍の1,008万円になりうる」とわかります。便利ですね！

※出典 杣々木規雄「126ルール：積立投資の複利効果を概算する簡単な計算ルール」日本FP学会、ニュースレター、No.4、2021年12月
https://www.jasfp.jp/newsletter04-2_0001.pdf

3 限目

投資をきちんと勉強！

~株式投資を知ろう~

投資っていったらやっぱり株でしょ！一体どんな仕組み？

株式投資は投資の代表格だから
やってみたいな！でも、いざ買うとなると
色々わからないことが多いかも……。

ニュースや新聞で「今日の日経平均株価は……」なんて言葉を聞く機会、多いですよね。日経平均株価とは、日本経済新聞社が算出して公表する代表的な株価指数の一つで、東京証券取引所プライム市場に上場している銘柄から選ばれた225銘柄の平均株価です。

この225社は代表的な株式会社ばかりで、日本の経済状態の大きな動きを知るための指数なのです。株式投資を知ればニュースも新たな視点で見られるようになりますよ。

さて、株式投資を知る第一歩、まずは注文方法についてのクイズに挑戦してみましょう。

Q 次の注文方法のうち、一番早く売買が成立する方法は？

❶ 成行注文 ❷ 指値注文
　なりゆき　　　　　　さしね

普通は注文した順番に成立するものだと思うけど
どうなんだろう？

株式投資の仕組み

株式を購入する

資金を活用して事業を拡大

出資金に合わせて
株式を発行

株式の資産価値上昇・
配当金・株主優待

投資家
（株主）

株式会社

　株式投資とは、応援したい企業が発行する株式を購入することです。一般的には、株式市場で取引される上場企業の株式が投資対象となります。株式市場とは、企業の株式が公開されていて誰でも自由に取引ができる場所のこと。日本には、この市場を持つ証券取引所が東京・名古屋・福岡・札幌の４カ所にあり、証券会社を通じて証券取引所に売買注文を出して取引します。ちなみに、東京証券取引所は見学スポットにもなっているんです。

　株式を持つとその会社の株主になれて、会社の経営方針について質問をしたり投票をしたりする権利「議決権」を持てます。出資して株主になるということは、その会社の応援団の一員になるということ！企業の経営に携われるなんてワクワクしませんか？

　会社は自社の利益を上げるために新しい商品を開発したり、人を雇ったり、工場や支社をつくったり、多くのお金が必要になります。こうした事業にかかるお金を応援団から集め、元手にして頑張るわけですね。そして会社の事業を拡大し、応援団である株主に配当金という形などで利益還元するのです（配当金などがない会社も多くあります）。もしくは、会社の資産価値と株価の上昇という形で期待に応えるわけです。

　株価は、「この会社の株式が欲しい！」という人が増えれば上がり、「もういらない」という人の方が多ければ下がります。会社や業

界に関するニュースを知った投資家の思惑によって変動するというわけです。経済情勢や国際情勢によっては、会社単位でなく国単位で国内全体の会社の株価が下がることも。株式投資では、株価がどうなるかを予測してできるだけ低いときに買い、できるだけ高いときに売って利益を出すことを目指すわけですが、このように予測できない不確実な株価変動もありえるため、大きな損を被るリスクも想定して買うことが大切です。

また、株式を持っていると配当金がもらえたり、会社によっては「株主優待」という仕組みがあり、クーポンや食料品などをもらえたりします（P106参照）。株価の上昇だけを狙って投資する人や定期的にもらえる配当金狙いの人、優待狙いの人もいるなど、株式投資に何を求めるかは人それぞれ。でも、株主であればその会社を応援しているということは共通しています。皆さんの応援したい会社はどこですか？どんなところが応援したいポイントですか？初めて株式投資をするなら推しの会社を探すことがおすすめですよ。

WEBで応援したい会社名と「株価」と入れて検索してみてください。今いくらくらいで取引されているか調べてみましょう。

日本の株式市場では、平日の朝9:00〜11:30の前場と12:30〜15:00の後場に取引することができます。この間なら口座開設した証券会社のWEBサイトからタップ1つで売買注文をリアルタイムで出すことができます。株価は注文に応じて「オークション方式」で決定されます。オークション方式では、売買成立の優先順位を決める2つの原則があり注文が入った順番に成立するわけではありません。

その2つの原則とは、「価格優先の原則」と「時間優先の原則」。価格優先の原則とは、売り注文で最も低い値段のものを優先させ、買い注文で最も高い値段のものを優先させる原則です。買いたい人

成行注文と指値注文の特徴

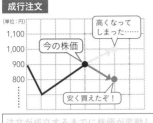

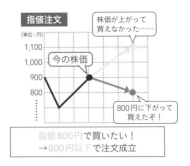

はできるだけ安く買いたいですよね。その人とマッチングするために、「安くても売りたい！」という注文＝売り注文の中で最も低い値段の注文を優先させるのです。同様に、売る人はできるだけ高く売りたいわけです。そこで「高くても買いたい！」という注文＝買い注文の中で最も高い値段の注文を優先させます。これが「価格優先の原則」です。時間優先の原則は、同じ価格で注文が複数出ているとき時間的に早かった注文が優先されるという「早い者勝ち」の原則です。

さて、クイズに出てきた成行注文は値段を指定せず「成行で100株買いたい！」などのように注文する方法です。まさに「なりゆきに任せる」方法で、注文を出した時点で最も低い値段の売り注文や、最も高い値段の買い注文に対応して成立します。でも、注文が成立するまでの間に株価が変動して、想定以上に高い株価のときに買えてしまったり、安い株価のときに売ってしまったりということも起こります。

指値注文は買う値段か売る値段を指定して「800円の指値で100株買いたい！」のように注文する方法です。買い注文なら指値以下の株価でないと、売り注文なら指値以上の株価でないと注文は成立しません。「もう少し下がったら買おう」と指値で買い注文を入れたけれど、全く下がらずに上昇し続けてチャンスを失う……なんてことも起こります。なので、クイズの答えは①の成行注文です。

02

いくらあれば始められるの?

応援したい会社を見つけたんだけど、
いくらあれば投資を始められるのかな。

株式投資というと、たくさんのお金が必要なイメージ
がありますよね。でも大丈夫。安い銘柄を選んだり、
投資金額を抑える方法を使ったりすれば、アルバイト
収入しかない大学生でも十分投資はできますよ。

さて、具体的にいくらから始められるのでしょうか。

Q 株式市場で取引できる最低限の株数のことを
「単元株数」という。単元株数が100株のとき
2万円以下で買える株価はどれ?

❶ 190円 ❷ 1,900円 ❸ 1万9,000円

2万円以下ならどの株価でも買えそうだけど……
違うの?

株価として示されている金額は「1株」の値段なんで
すよ。ということは……?

1株単位から買える株式投資3つの方法

	単元未満株（1株投資）	ミニ株（株式ミニ投資）	るいとう
特徴	1株単位で注文したり、500円など金額単位で売買できる	通常の10分の1（10株）単位で売買できる	金額を決めて毎月積み立てる
注意点	・取り扱う証券会社が少ない ・証券会社によって名称が異なる ・成行注文しかできない ・売買タイミングに制限があり成立までにタイムラグが生じる ・手数料がかかる	・取り扱う証券会社が少ない ・売買タイミングに制限があり成立までにタイムラグが生じる ・手数料が高め	・買える株が証券会社によって異なる ・手数料が高め

　株価とは、会社が発行している株式1株の値段です。クイズにあるように、日本の市場における通常の株式投資では1株だけを買うことはできず、「単元株数」以上で買わないといけません。この「単元株数」は全国の証券取引所で100株と統一されており、株式を買いたいときは、株価に100をかけた金額が必要になります。だから、2万円以下で買いたい場合は、100で割った200円以下の株価でないと買えないので答えは①。

　とはいえ、応援したい会社の株価がたとえば3,800円だった場合、100株をかけた38万円で投資をするのって、初めての人にはなかなか怖いですよね。そもそも学生の場合、そんなにお金はないでしょう。そこで、少額でも買えちゃう方法を教えますね。

　それが、1株から買える「単元未満株」、10株から買える「ミニ株」、そして金額単位で積立ができる「るいとう」です。大金のない学生や株式投資初心者には、これらの少額投資から始めるのもおすすめです。ただし、単元未満株取引の場合は株数に応じて配当はもらえますが、買い増して合計保有株数が100株にならない限り、議決権はなく総会に出席することや原則として株主優待をもらうこともできません（※）。その他手数料が高い、成行注文しかできないなどのデメリットに注意して、活用してみるのもよいですね。

※一部の会社では1株でも優待対象としているところもある

03

株価ってどうやって確認するの？

**1株から買えるなら、僕の貯金でもできそう！
まずは気になる会社の株価を調べてみようっと。**

上場している会社の株価を調べるのは簡単です。「〇
〇社　株価」と検索すれば出てきますし、証券会社の
WEBサイトでも検索できます。会社を識別するため
に割り振られた4ケタの番号（銘柄コード）を検索して
株価を調べることもできます。株価のサイトでは、その日の始値と
終値、そして過去の一定期間の株価をグラフ化したチャートも見る
ことができますよ。

Q 株価チャートを見たところ、右の図
のようになっていた。
この日の終値はいくらか。

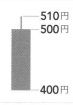

510円
500円
400円

❶510円　　❷500円　　❸400円

**この図見たことあるぞ！株価を調べると、
これがたくさん並んでいるんだよね。
どれが終値なんだろう……。**

株価チャートの見方

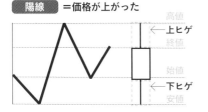

陽線 ＝価格が上がった

←上ヒゲ

←下ヒゲ

高値
終値
始値
安値

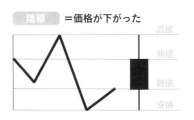

陰線 ＝価格が下がった

高値
始値
終値
安値

　株式投資をする際に、その会社がこれから成長していくか、これまでどんな動きがあったかというのは知りたいところですね。しかし、株価だけを見てもわかるものではありません。そんなときに活用できるツールの一つが株価チャートです。

　株価チャートとは、1日・1週・1カ月・1年などある期間の株価をまとめて見られるようにグラフ化したもの。クイズの図は「ローソク足」と呼ばれるもので、始値・終値・安値・高値の4つの値段を1本の線と四角で表しています。始値はある期間の最初に取引した価格のこと、対する終値はその期間の最後に取引した価格のことを指します。安値はある期間で最も安い価格のこと、対する高値は最も高い価格のことを指します。ローソク足は1本あたりの期間を変えて見ることができ、1日の値動きは日足、1週間の値動きは週足で表されます。

　また、四角の中が白か赤のときは「陽線」といい、その期間で価格が上がったこと、黒か青のときは「陰線」といい、価格が下がって終わったことを示しています。四角の上と下に出ている線は「ヒゲ」といいます。その日の始値と終値を超えた動きを表していて、四角の上から出る「上ヒゲ」の先端は高値、下から出る「下ヒゲ」の先端は安値です。直感的にわかりやすいですね。なので、クイズの答えは③となります。色々な株価チャートを見て、どんな値動きをしているかを読み取ってみると面白いですよ。

株主になると
プレゼントがもらえるって本当?

この間友だちが「株主優待券で食費を浮かせてるんだ!」って言ってたんだよね。気になるなー。

株主になると、その会社から株主へのプレゼントとして「株主優待」を一定期間ごとに送ってもらうことができます(会社によってはないところもあります)。たとえばマクドナルドを運営する日本マクドナルドホールディングスでは、100株以上持っている株主にバーガーやサイドメニュー、ドリンクなどと引き換えられる優待食事券を年2回送っています。さて、そこでクイズです。

> Q 株主優待制度発祥の国はどこ?
>
> ❶日本　❷アメリカ　❸イギリス

解説

　株主優待制度を世界で初めて導入したのは日本の鉄道会社なので、答えは①です。今でも上場企業の約38%と多くの会社に導入さ

株主優待を受けられる株式購入のタイミング

Sun	Mon	Tue	Wed	Thu	Fri	Sat
23 営業日ベースのため含まない	24	25	26	27 権利付き最終日	28 2営業日前	29 営業日ではないため含まない
30 営業日ではないため含まない	31 権利確定日 株主名簿に登録されている状態		この日までに買う！			

れていますが、アメリカやイギリスで導入している会社はかなり少なく、日本独自の文化といえるんです。お中元やお歳暮などの贈答文化が根づくお国柄に合っていたことが、株主優待の浸透した背景としてあるんですね。

　株主優待は、自社製品の詰め合わせや自社施設、店舗などのサービス利用券といった自社関連もあれば、商品券や米、プリペイドカードといった事業内容とは別の優待を用意する会社もあります。株主優待を検索できるサイトでは、欲しい優待から会社を探すこともできますよ。

　株主優待をもらうには、導入している会社の「権利確定日」にその会社の株主名簿へ名前が登録されている必要があります。なので、権利確定日の2営業日前の「権利付き最終日」までに買うようにしましょう。営業日ベースなので土日祝は含まれないことに要注意。無事登録されれば少し先の忘れかけた頃に、優待が送られてきますよ。

　こうした優待狙いで買う人がいるため、権利付き最終日が近づくと株価が上がり権利付き最終日の翌営業日は株価が下がる傾向があります。最近は「配当など別の形で利益還元しよう」と優待を廃止する会社も増えてきました。また、優待の利益以上に株価が下がり損をすることもあるので、買う前には業績や財務状況のチェックが必須です。

株主優待を検索できるサイトには、大和インベスター・リレーションズの「株主優待を探す」などがあります。ぜひ活用してみてくださいね。

https://yutai-guide.daiwair.co.jp/yutai/search

「インサイダー取引」って
何がいけないの？

就職したら色々な会社の情報が
耳に入ってきそうだから、
株価が上がりそうな会社に投資できるよね？

試験を受けるとき、先に受けた友だちから問題と答え
をもらっておけば、高得点が取れますよね。でも、ほ
かの学生は試験の情報を持っていないため、公平な状
況で試験に臨めなくなります。もちろん、こんなこと
やってはいけません。インサイダー取引とは、このような非公開の
情報を利用した不正行為を意味します。さて、そこでクイズです。

Q 次のうち、インサイダー取引ではないものは？

❶「自社の業績が下方修正する」という未発表の情報を
聞いて株式を売った
❷ 友人が「うちの会社、TOB（株式公開買付）するよ」と未
発表の情報を教えてくれたので株式を買った
❸ 発売前の新製品情報をネット上で見つけて「きっと上
がるだろう」と思い株式を買った

解説

インサイダー取引とは、会社に関する非公開の内部情報を利用し

インサイダー取引の概要

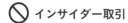
🚫 インサイダー取引

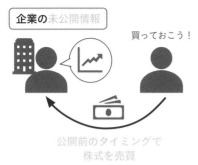

企業の**未公開情報**

買っておこう！

公開前のタイミングで
株式を売買

て、公開前に株式を売買して利益を得ようとする行為を指します。これは金融商品取引法第166条によって禁止されている重大な犯罪行為です。内部情報を知りうるのは、会社の役員や従業員、パートも含め内部の人だけですが、その人たちから情報を知りえた家族や友だちなどもやってはいけません。

①のケースは、未発表の自社情報をもとに公開前のタイミングで株式を売っているので完全にアウト。買うだけでなく、売ることもインサイダー取引にあたります。

②のケースは、別の会社の未公開情報を、その会社に勤める友だちから知って取引していますがこれもアウト。しかもこの場合株式を買った人だけではなく、情報をこっそり教えた友だちも違反となります。ちなみに情報を教えていないけれど「うちの会社の株、買っておくといいよ」と推奨する行為も違反です。どちらのケースも売買の結果損をしたとしても罰せられます。

③のケースは、ネット上で見つけた情報であり公開情報といえるためインサイダー取引にはあたりません。答えは③です。その情報は、一体どこから得たものなのかを意識し、インサイダー取引にならないように公正な投資をすることが大切です。

インサイダー取引がいけない理由は、株式市場の公平性や健全性が失われるから。誰も不公平な市場では取引したくないですよね。ですので、違反した人には厳しい刑罰が与えられるのです。各証券会社では、上場会社の役員などに該当する顧客にインサイダー（内部者）登録をさせるなどの防止策も講じています。

株式を買う会社は
どうやって選ぶの？

**インサイダー取引、気をつけよう！
でも、自分で成長しそうな株式を選ぶって
難しいんじゃないかな？**

株式投資とは、お金を出してその会社を応援し、会社の成長とともに自分の資産も育てていくことですね。なので、「これからも応援していける！成長しそう！」と思える会社を選ばないと意味がありません。ここでは、そうした会社を選ぶ4つの方法をお伝えします。

> **Q** 同業のA社・B社・C社は株価と1株あたり純利益が次のような状況となっている。
> この中で最も株価が割安な会社はどこ？
>
> ❶ A社：1株あたり株価200円・純利益20円
> ❷ B社：1株あたり株価500円・純利益25円
> ❸ C社：1株あたり株価1,000円・純利益125円

「株価が純利益の何倍か」を計算した結果、低い方が「割安」といえます。とはいえ、割安だからとすぐ飛びついてはいけません。

　株価が上がりそうな会社を探すには、色々なアプローチ方法があり、人によって好みなどもあるため相性は異なります。この方法であれば絶対に儲かるというものはありませんので、まずは気になる方法で会社探しをしてみてくださいね。

●初めての株式投資におすすめ！会社の選び方4選

1　身近な会社を探してみる

　初めて株式を買うときは、普段からよく知っていて興味を持てる会社の株式を買うのがおすすめ。たとえば、いつも使っているテレビなどの家電や文房具などの日用品メーカー、それらの商品を販売する小売店、好きなゲームの制作会社や音楽レーベル、スポーツ用品メーカーなど。また、アルバイト先と同じ業界でよく知っている会社などもよいですね。こうした自分に身近な会社の中で、「この製品にすごく助けられているな」「このゲームに熱中したおかげでストレス発散できた」など、自分なりに感謝しているサービスや商品を提供する会社を絞り込んでみましょう。

　身近な会社へ投資するメリットは3つあります。1つ目は、提供しているサービスなどの良さを知っていて心から応援できること。2つ目は、業績や売上げ、販売状況などの情報に敏感になれること。その結果、「最近は何だかお店がどんどん閉店しているようだ」といったマイナス面や、「発表されている新メニュー、バズりそうだぞ」といったプラス面の情報を早い時期に入手でき、株式の売買タイミングを考えやすくなりますね。3つ目は、業界全体にも興味を持てること。身近なよく知っている会社に投資すると、業界におけるシェア率や評判などが気になるものです。その結果、同じ業界でもっとよい会社を見つけたり、関連業界にまで興味が広がるかもしれません。

2 世の中の出来事を踏まえ、伸びそうな会社を探してみる

　株式投資は、伸びる会社を事前に見抜ける「先見の明」がある人、連想ゲームが得意な人にとても向いています。たとえば「今年は猛暑」というニュースを聞いて、「エアコンやビールの売上げが伸びそう」と考え、家電や飲料メーカーに注目できる人です。さらに連想を広げれば投資先の候補がたくさん見つかりそうですね。気になる会社が出てきたら、同じ状況のとき株価が上がったかなどの実績を調べるとよいでしょう。ただし、誰でも予想がつく状況であればすでに上がっていることもあります。それも踏まえ、伸びそうな会社を柔軟に探すとよいですよ。

3 株主優待がある会社を探してみる

　株主になると株主優待（P106参照）をもらえる会社から探すのも一つの方法です。優待には、自社製品の詰め合わせやオンラインストアの割引券以外に米や肉など節約につながる食料品もあります。使用期限や消費・賞味期限もあるため自分が使いやすい優待にしたいですね。株主優待検索サイトなどで「余剰資金で買える＆欲しい優待がある＆サービスを知っていて成長が見込める」のすべての条件が揃っている会社をピックアップしてみましょう。

　ただし、優待を受けられる期限である「権利付き最終日」近くに買おうとすると株価が上がっているかもしれないこと、突然優待が廃止される場合もあること、優待で受けられる利益以上に株価が大きく下がる可能性もあることは知っておきましょう。

4 PERやPBRなどの指標から探してみる

　株式を買ってみたい会社を見つけても、その会社が成長し続けていくのか、株価が上がるのかはわからないもの。そこで、万能ではありませんが参考にできる3つの指標を紹介します。どの数字も自分で計算したり、各証券会社HPなどで調べられる指標です。

株式投資で使える3つの指標 〜ＰＥＲ・ＰＢＲ・ＲＯＥ〜

株価収益率（PER）	株価純資産倍率（PBR）	自己資本利益率（ROE）
株価÷1株あたりの純利益	株価÷1株あたりの純資産	当期純利益÷自己資本×100
倍率が低いほど お買い得かも！	倍率が低いほど 会社が頑張るため儲かるかも！	数値が高いほど 効率よく稼いでいる

株価収益率（PER）は、その株が1株あたり純利益の何倍で買えるかを表します。たとえばクイズの場合、次のようにPERを求められます。A社は「200円÷20円＝10倍」、B社は「500円÷25円＝20倍」、C社は「1,000円÷125円＝8倍」となり、20倍の値段で買うよりも8倍の値段で買えるC社が同業3社の中で、今は割安だとわかるのです。なので答えは③。

株価純資産倍率（PBR）は、その会社の価値である純資産に対して市場から何倍で評価されているかを表します。たとえばPBRが1倍の場合、会社が解散した際に株主がもらう権利のある残余財産と株価が同じということ。同業他社と比べて倍率が低い会社は、より株主の期待に応える成長が期待できて狙い目といえます。しかし、PERやPBRが割安なのには理由があることも。その理由を調べても「成長が期待できる」と思えたら投資を検討してもよいでしょう。

自己資本利益率（ROE）は、自己資本がどのくらい今の利益を生み出しているのかを表します。株主から集めたお金や、それまで積み上げてきた利益が自己資本。ですので、数値が高いほど効率よく稼いでいる会社といえます。

ほかにも、株主に分配される現金配当である「配当金」が高い会社を選ぶ方法もアリですが、減配や無配になったり株価が上がりにくくなることも。配当だけでなく営業利益や経常利益など業績の安定性も併せてチェックすることが大切です。

07

IPO投資ってどういうもの？ 初心者にもできる？

株式を一番最初に買った人って何だか 儲けていそう！そんなことできるのかな。

IPOとは、新たに上場する会社の株式を売り出すこと。「Initial Public Offering」の略称で、日本語では新規株式公開と呼ばれます。会社が上場するメリットは、株式を自由に取引してもらえるようになり、資金を集めやすくなること。また、厳しい審査を経て上場したことで、会社の信用度や知名度も高くなることです。事業拡大や優秀な人材確保などにもつながりますね。IPO投資というのは、上場直後の株式を買って、将来の成長や価値の上昇に期待する投資方法です。

Q 市場からの調達金額が1,000億円を超える次の大型IPOのうち、公開価格より初値が低かった会社はどれ？

❶ メルカリ ❷ LINE ❸ ソフトバンク

解説

株式は、上場によって公開される際、主幹証券会社が投資家に「いくらで買いたいか」をヒアリングして決めた公開価格で売り出され

IPO投資の仕組み

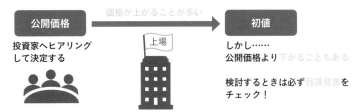

ます。IPO投資では、上場後に初めてつく初値が公開価格以上になることが多く、公開価格を上回ったタイミングで売ることで短期的に利益を得るチャンスを狙う人もいれば、成長性の高い会社の株式を安いときに買って、長期的に利益を見込もうとする人もいます。

　とはいえ、必ず初値の方が高いとは限りません。メルカリ（2018年上場）は、公開価格3,000円に対し初値5,000円と大きく上昇。後場でさらに上がり値幅制限の上限（ストップ高という）である6,000円まで上がりました[※1]。LINE（2016年上場）も、公開価格3,300円、初値4,900円と大きく上昇[※2]。しかし、ソフトバンク（2018年上場）は公開価格1,500円に対して初値1,463円と公開価格を2％も割り、その日の終値は1,282円とさらに下落[※3]。そのため、クイズの答えは③です。また、逆に初値が高くその後下がり続ける会社もあり、売るタイミングによっては損することも。

　実際のIPOでは新たに登場した無名の会社が多く、今後成長していくかなどの調査が大変です。必ず目論見書という「その会社の経営理念や財務情報、IPOに関する情報が載っている説明書」を隅々まで読み込み、投資するかを考えましょう。IPO投資をしたい場合は、証券会社から抽選に申し込み、指値で買いたい価格を入れるのが一般的。人気が高いIPO株は倍率も高く当選は大変です。興味を持った人はよく目論見書を読み、余りのお金で挑戦してみましょう。

※1出典　トムソン・ロイター「メルカリ初値5000円、一時ストップ高まで上昇　今年最大のIPOに」（2018年6月19日）
https://jp.reuters.com/article/mercari-stock-idJPKBN1JF06O
※2出典　日本経済新聞「LINEの初値4900円　公開価格48％上回る、時価総額1兆円」（2016年7月15日）
https://www.nikkei.com/article/DGXLASFL15H8P_V10C16A7000000/
※3出典　日本経済新聞「ソフトバンク上場、終値1282円　公開価格を15％下回る」（2018年12月19日）
https://www.nikkei.com/article/DGXMZO39088300Y8A211C1000000/

08

Appleとか外国の株式って買えるの?

「ChatGPT」とか話題のサービスって
アメリカのものが多いよね。
アメリカの株式とか買えるのかな。

私たちの生活に欠かせないiPhoneなどのサービスを
提供するGAFAM(Google、Amazon、Facebook(現META)、
Apple、Microsoft) は、すべてアメリカの会社です。時価
総額の世界ランキング上位50社も外国の会社ばかり
(2023年現在)。そこでクイズです。

Q 時価総額の世界ランキング上位100社に1社だけ日本の会社が入っているが、次のうちのどれ?

❶ ソニーグループ　　❷ トヨタ自動車
❸ ファーストリテイリング(ユニクロの会社)

どこも大きな会社だからわからないけれど、
海外の人にも人気ってよく聞くしユニクロかなー。

残念。答えは②のトヨタ自動車で39位。バブル期は上
位50社中日本の会社が32社もありました(※)。

※出典　東京新聞「トップ10に7社→最高で39位…日本経済「失われた30年」は時価総額の世界ランキング
でもはっきり」(2023年5月26日)
https://www.tokyo-np.co.jp/article/252608

日本だけでなく、アメリカなど外国の株式を買うこともできます。ただし、買えるのは取引する証券会社が取り扱う国のみ。米国株や中国株は多くの証券会社で扱っていますが、ヨーロッパ諸国や東南アジア諸国の株などは取り扱える証券会社が限られています。

外国の株式を買いたい場合は、まずどの国の株式を買うかを決めて、取り扱いのある証券会社に口座を開きます。次に決済方法を決めます。外国株を買うときは現地の通貨が必要なので、一般的には円を現地通貨に交換する「外貨決済」を行います。たとえば米国株に外貨決済で投資する場合は、証券口座に「円」を入れ、為替手数料を払い「ドル」に交換して購入します。株を売るとドルで戻るので、次に米国株を買う際は為替手数料をかけずにそのまま使えます。また、証券会社によっては円のままで取引ができる「円貨決済」を選べますが、為替手数料が毎回かかり、取引の都度為替の影響を受けてしまうというデメリットもあります。

米国株の特徴
・取引時間が違う
・1株から買える
・日本のストップ高やストップ安がない
・事前に税率10%が配当から差し引かれる

例：Amazon

株価	為替レート
126.66ドル × 1ドル＝140円

＝約17,700円で買える！

さて、人気の米国株の特徴を紹介します。日本の株式は原則100株からしか買えませんが、米国株は1株から買えます。なので、株価がそのまま最低購入金額に。たとえば、Amazon株ならば株価126.66ドルに、同日の為替レート（1ドル＝140円）をかけた約17,700円で買えることに[※]。

魅力はありますが、図にあるように色々と注意すべき特徴があります。しっかりと制度も含めて調べてから投資しましょう。

※株価は2023年6月14日時点。また、為替・売買手数料は考慮せず算出

09

実際にやってみよう！
～株式投資の商品を選ぶ～

いよいよ買っちゃうぞ！！
ドキドキする！

そろそろ実践してみたいですよね。まずは、株式投資の商品を選ぶところから始めてみましょう。最初はP110を参考にして身近な会社から選ぶのがおすすめですが、色々な指標から検索できるスクリーニング（銘柄検索）も知っておくとよいですよ。楽天証券を例に説明しますが、口座を開設した証券会社でぜひトライしてみてください。さて、実践前にまたまたクイズです。

Q 本来の会社が持つ価値より低く評価され、株価が割安になる理由として、ありえないものは？

❶ 企業規模が小さいから　　❷ 知名度が低いから
❸ 最近、評判のよい会社として話題になったから

会社の良さが知られていなくて株価が低いのだから、話題になった③はありえないといえますね。

　株式投資を成功させる秘訣は「いかに低く買って高く売るか」に尽きます。株式を持つ期間を数日など短くすれば短期投資となり、数カ月や年単位となれば中長期投資となりますが、始めたてのときは「ずっと応援したいと思える会社」を選んで数カ月は持ってみるのがよいでしょう。デイトレードなど短期で取引を繰り返す方法は、稼ぐ瞬間を狙う「投機」となり、いわゆる会社を応援する本質から離れます。

　また、実際に株式を買ってみると色々な失敗があると思います。株価のことが、仕事や勉強をしている間もずっと気になってしまい、本業に集中できない。ほんの少し株価が上がっただけですぐに売ってしまい、その後上がっていく株価を見て後悔する。上がっていくからまた買ったら、株価が急降下してまたまた後悔……など、こうした失敗は誰でも何度も繰り返します。

　初めての株式投資は面白く、最初のうちは数日で売り買いする短期取引になるのも仕方ありません。これらの失敗経験は必ずその後に役立ちますしね。とはいえ、「短期間でラクに儲けよう」と思って株式投資を行うのはおすすめしません。仕事や勉強など、投資資本を稼ぐための時間を犠牲にして取り組んだってうまくいかないもの。成功している人はほんの一握りなのです。

　まずは株式投資を始める前に、どのくらい投資資金があるか確認しましょう。普通預金などいつでも使える流動性資金は必ず「収入がなくなっても6カ月は生活できる」金額分残すこと。貯金がない場合は、単元未満株（P103参照）から始めればお財布にも優しいですね。それでは、スクリーニングによる商品選びを始めましょう。

証券会社の口座を持っていれば、証券会社のサイト上でスクリーニングツールを使えます。持っていない場合は、Yahoo! ファイナンスのサイトで「売買代金上位」「低PER」「低PBR」などをランキング表示する簡易的なスクリーニングツールが使えます。ただし、取引値や売買代金などにタイムラグがあるので注意しましょう。

　証券会社独自のスクリーニングツールでは、検索条件を入れて銘柄を絞り込めます。ここでは、楽天証券を例に説明しますね。

スクリーニング画面の例
（楽天証券「国内株式スーパースクリーナー」(*)）

※楽天証券の会員画面より引用
出典　楽天証券 https://www.rakuten-sec.co.jp/

　自分のアカウントにログインをしたら「国内株式」→「スーパースクリーナー」をクリック。スクリーナーのトップ画面となります。

　たとえば、「5万円までで買えて、できるだけ安全性が高く、株価が割安そうな会社」を絞り込んでみましょう。安全性が高い会社は、「返済のいらない自己資本が総資本の多くを占めている」といえるので、その割合を示す「自己資本比率」が高い会社を探します。また、「PBR」「PER」の上限値を条件に入れることで割安の可能性が高い会社を絞り込めます。

　楽天証券の場合は、左ページの図にある左側のバーの「投資金額」に「5万円以内」と入れ、ほかの条件は「＋検索条件を追加」をクリックして、ポップアップされたウィンドウの中で条件を設定します。「自己資本比率：50％以上」「PBR：1倍以下」「PER：15倍以下」と入れてみると、50社まで絞り込めました（2023年6月15日現在）。ただし、これらの値はあくまで目安であり、必ず安全性が高く成長する会社が選べるわけではないのでご注意を。

　絞り込んだ会社の中で気になる会社をいくつか書き出したら、会社の業務内容をチェック。今後、世間に求められて伸びそうなサービスか考えてみましょう。その後もすぐには買わず、世の中の動向に合わせて値動きを1カ月くらい観測してみるのがおすすめ。

　このように、指標による検索で可能性を秘める会社をピックアップした後は、「成長が期待できる会社か」を自分の頭で考えて選ぶことが大切です。

株ってやっぱり面白いな。ピックアップした
会社の値動きを毎日見ていると、
世の中とつながっている気持ちになる!

 Q 次の問題に○・×で答えてください。

① 日経平均株価とは、東京証券取引所に上場している
すべての会社の平均株価である

② 日本の株式市場では、平日の朝9:00〜12:00と
13:00〜15:00の間に取引することができる

③ ミニ株なら株価500円の株式は5,000円+手数料で
買える

④ 株主優待をもらうには権利確定日を含めて4営業日
前までに株式を買う必要がある

⑤ 株式を買うなら業務内容を知らなくても儲かりそうな
ところを選ぶべきだ

⑥「自己資本利益率」の数値が高いほど、効率よく稼い
でいる会社といえる

① × 日経平均株価とは、「東京証券取引所プライム市場に上場している銘柄から選ばれた225銘柄の平均株価」のこと。ほかの代表的な指数 TOPIX（東証株価指数）は、東京証券取引所旧1部に上場する全銘柄が対象で、1968年1月4日の時価総額を100としたときに今はどのくらいかを示した指数[※]

② × 日本の株式市場では、平日の朝9：00〜11：30（前場）と12：30〜15：00（後場）の間に取引できる

③ ○ ミニ株サービスでは10株から買える

④ × 権利確定日を含めて3営業日前の「権利付き最終日」までに買う必要がある

⑤ × 株式を買うときは事業内容を調べて成長の見込みを判断しつつ、応援できる会社を選ぶのがよい

⑥ ○ 自己資本利益率は集めたお金や過去の利益が「どのくらい今の利益を生み出しているか」を表す

※2022年4月1日に市場区分が新しくなったため、現在は構成銘柄について段階的に見直し移行中

3限目のポイント

その1 — 株式投資をするとは、その会社の応援団の一員になること。初めての投資は応援できる身近な会社から選ぼう

その2 — 大きな損を被るリスクも想定するべし。必ず「しばらく使わない余剰資金」で出資すること

その3 — 買う前に会社の事業内容や財務情報を確認してこれからの成長が期待できるかをよく考えよう

株式投資、始めたくなりましたか?試しに手持ちの余剰資金から1つ買ってみるとよいですね。単元未満株もよいでしょう。自分で投資をすると、株価の動きから会社の事業や業界、日本全体の経済をより自分ごととして見られるようになります。

「なぜ上がったか、下がったか」の理由を考えながら会社を応援するのがコツ。もし、大きく下がったときは下がった理由を調べてみて。もっと応援しようと思うなら、売らずに持っておくとよいですね。

4限目は債券投資です。株式とまた別で、知らない言葉も多いかもしれませんが、皆さんの生活に関わる大事な商品なので見ていきましょう!

損切りって難しい

株式投資で難しいのが、損している株式を売る「損切り」です。下がった理由を知ってもずっと応援したいと思える場合は、一時的に下がっても売らずに持っていますが、そうでない場合は買値の5〜10%下がったら損切りを考えます。しかし、「また上がるかも」とズルズル諦めきれないのが人の性。売ろうと決めたら機械的に損切りを。逆指値で売り注文を入れると、株価が指定した額を下回った場合に自動で売ってくれるので便利です。

4 限目

もっと投資を勉強！

～債券投資を知ろう～

01

債券って一体何?

債券って言葉は聞いたことがあるけれど、どんなものなのか全然知らないなぁ。

債券投資とは、お金を必要としている国や会社にお金を貸してあげることで利益を得る投資方法です。出資する「株式」と違って貸しているだけなので、原則貸したお金は満期になれば返ってきます。「債券」とは、借金の満期や条件などが書かれた証明書のことで、近年は電子化されています。株式投資では株主である証明書を「株券」といい、債券投資では借金の証明書を「債券」というのです。それでは債券投資初めの一歩、クイズを解いてみましょう。

Q 民間の生命保険で支払う保険料の一部は、債券で運用されている。〇か×か。

〇 　×

債券って、意外とシンプルな仕組みなんだね。

そうなんです。さらに、私たちの生活のあちこちで使われている商品なんですよ。

債券投資の仕組み

お金を貸す

債券が発行される

利子を受け取る

満期になったら
お金が返ってくる

発行体

国、自治体、金融機関、会社など

　発行体の一つ、国が発行する債券は国債です。公民の授業で「国債残高が多い日本は借金大国」と聞いたことはありませんか。ちなみに2022年度末の国債残高は1,029兆円(※)。経済規模（GDP）に対する借金の規模は、主要先進国の中で最も高い水準にあり、それだけ国が債券を発行してお金を調達しているんです。この国債、私たち個人が買うこともできるのですよ。国にお金を貸すことになります。

　発行体には、国以外にも自治体や金融機関、会社などがあり、どの債券も「お金を貸す→利子を受け取る→満期になったらお金が返ってくる」という仕組みは基本的に同じです。中には、満期に返ってくる金額より少ない金額で買える債券で、利子がないものもあります。破たんしない限りは必ず同じ通貨建てで元本が返ってくるため、株式よりも安全性が高い投資手段です。そのため、民間の生命保険では保険料の一部に、公的年金の年金積立金でもその一部の運用に債券が組み込まれています。なので、クイズの答えは①ですね。

　債券と普通の借金の大きな違いは、売買できるというところです。安く買って高く売れば、利子に加えて売買益も得られるのです。

　普通の借金は、貸している間に他人にその証明書を売ってお金を得るなんてことはできませんが、債券では可能なのです。高く売れれば売買益が得られるところは株式投資と似ていますね。

※出典　財務省「これからの日本のために財政を考える　Ⅰ日本の財政構造　4日本の借金の状況」
https://www.mof.go.jp/policy/budget/fiscal_condition/related_data/202110_kanryaku.pdf

02

債券投資でどうやって利益を得るの?

債券が「お金を貸す商品」なのは知らなかった。
どんなタイミングで利益が入るんだろう。

債券で得られる利益には2種類あります。1つは「お金を貸している間＝保有している間」に定期的に払われる利子。もう1つは買ったときより高く売れたときに得られる売買益です。満期（償還）まで持っていれば償還差益といいます。償還差益を得られる債券の一つにはゼロクーポン債という、利子（クーポン）がない代わりに返ってくる金額より割引して発行されるものもあります。その他、外国の債券では為替レートが円安になれば為替差益を得られることもあります。

Q 利率3%の債券を100万円分買った。5年間保有した後に105万円で売れたが、このとき年利回りは何%?（税金は考慮せず）

❶ 3%　　❷ 4%　　❸ 5%

利回り!2限目に習ったやつだ。確か
「投資金額に対する収益の割合」だったような。
この場合は5年間持っているから……。

債券投資の利回り

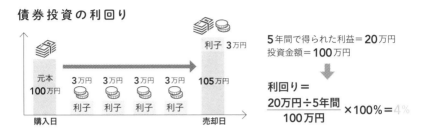

5年間で得られた利益＝20万円
投資金額＝100万円

利回り＝
$$\frac{20万円÷5年間}{100万円} ×100\% ＝4\%$$

　まずは、債券投資で理解しておきたい言葉を説明します。

●額面金額：満期を迎えたときに受け取れる金額

●償還期限：額面金額が返ってくる満期のこと

●利率（クーポン）：額面金額に対して毎年受け取る利子の割合

●利回り：投資金額に対する利子も含めた年間収益の割合

　債券投資では利回りを理解することがとても重要です。なぜなら、最初に提示される利率は、あくまで毎年の利子がいくらなのかを示すものだからです。クイズの場合、5年分の利子と売買益の5万円で合計20万円がトータルの利益です。なので、利回りは4％（単利）となり、答えは②。

　このケースでは利率を利回りが上回りましたが、買ったときよりも売ったとき、または満期になって償還されるときの価格が下がったら、利率より利回りは低くなります。トータルで損することもあるのです。なので、債券の商品詳細にある、満期（償還）まで持った場合の利回りを見て判断しましょう。

　利回りは同じ債券でも、価格の変動に合わせて変わります。新発債という新しく発行される債券を買い償還期限まで持てば、原則は利子と額面金額が戻るため損をしません。定期的に受け取る利子は年に2回のことが多く、同じ債券ならばいつ買っても利率は償還まで変わりません。

債券投資にはどんな
リスクとデメリットがあるの?

満期まで持っていれば発行したときの金額が
返ってくるなら、あまり損しなさそう。
でも、デメリットもあるの?

確かに満期まで待てばお金が返ってくると考えると、
あまり損しないように思えますね。でも、債券投資に
はリスクも多いのです。また、株式や投資信託などに
比べると手軽に投資できないなどのデメリットもあり
ます。投資をするときは商品のリスクとデメリットを理解して納得
することが大切。早速、学んでいきましょう。

Q 債券投資における利回りとリスクの関係に
ついて、正しいものはどれ?

❶ 高い利回りのものだと高いリスクを取ることになる
❷ 低い利回りのものであればリスクを避けられる
❸ 利回りとリスクには関係がない

2限目でローリスク・ハイリターンのものは
ないって学んだよね……きっと①だ!

正解!②は、利回りが低いものでもリスクはあるので
誤りです。

債券投資には、主に3つのリスクがあります。

1 信用リスク

信用リスクと格付け

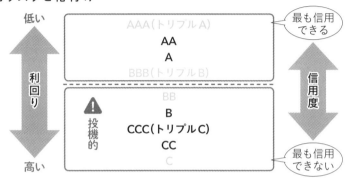

信用リスクとは、債券を発行した人（国・自治体・会社などの発行体）が破たんや倒産するリスクのこと。発行した人は債券を買った人に対して利子を定期的に払うことや、償還時にお金を返すことを約束していますよね。その約束を破られて貸したお金が返ってこなかったり、減ったりするかもしれないリスクのことをいいます。信用リスクを少しでも小さくするために大切なことは、「買おう」と思っている債券の発行体について経営状態をしっかり調べること。

安全かどうかを調べるには、格付けが参考になります。格付けとは、「債券の発行体がきちんと約束を果たしてくれるか」の確実性を格付け会社が評価して、どのくらい信用できるかをランクにしたものです。最も信用できるものはAAA（トリプルA）。格付けが高くなるほど利回りは低くなる性質があります。最も信用できず危険度が高いものはC。このように格付けが低い債券は「投機的」と呼ばれ、利回りも高くなります。いわゆるハイリスク・ハイリターンですね。投機的にあたるボーダーラインはBBから。なので、選ぶときはで

きるだけBBB(トリプルB)以上の債券にするとリスクは抑えられますが、決して破たんしないことを保証するものではないのでご注意を。あくまで相対的な信用度の目安です。

2 価格変動リスク
債券(既発債)の価格変動

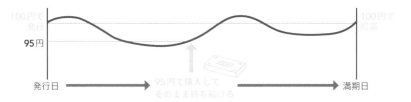

発行時に買った債券は途中で売ることもでき、すでに発行された債券(既発債)を途中で買うこともできます。しかし、そのときの価格は発行時と異なり、世の中の金利に影響を受けて上がったり下がったりするもの。

たとえば発行時の価格が100円だった債券を95円まで下がったところで買い、満期まで持っていれば償還差益を5円得られます。一方、100円で買った人が95円で売ると、5円損することになります。このように価格が変動するため、売る時期によっては損するリスクがあるのです(利子は考慮していません)。

債券の価格は世の中の金利が上がると安くなり、金利が下がると高くなるという性質があります。たとえば利率2%の債券Aを持っている人が「そろそろ売りたい」と思っているとしましょう。その債券が発行されたとき、世の中の金利は2%だったけれど、金利が上がり、今発行されている債券Bは3%だとしたらどうでしょう。債券の利率は発行してから償還まで変わらないため、Aの利率はずっと2%ですから、みんなAよりBの債券を買いたいと思いますよね。すると、Aを欲しい人がいなくなるのでAの価格が下がるのです。でも、安くなったAを買った人にとっては償還差益が狙える

ため、利回りが上がることになります。世の中の金利が上がる⇒価格が下がる⇒利回りが上がるという関係性を知っておきましょう。ほかにも価格が変動する原因は色々ありますよ（P134参照）。

3　流動性リスク

　3つめのリスクは、満期前に売却したくてもその債券にニーズがなければすぐに売れず換金できない、または希望した価格では売れない可能性があるというリスクです。

　ここまで主なリスクを3つ紹介しましたが、外国の債券を買った場合は為替リスクもあります。投資する際にはこれらのリスクを十分に理解し、最悪の状況も想定しておくとよいでしょう。

　ところで、「価格変動リスク」の説明で「世の中の金利が上がると価格が下がる」という箇所に、「あれ？」と違和感を持った人もいるのではないでしょうか。

　一般的に「金利が上がる」ときは景気がよくなってきたときですから、株価は上昇傾向にありそうですよね。それなのに債券は価格が下がるのです。債券へ投資している人にとっては、景気がよくなると投資資産が減る、そんなイメージです。あくまで一般論なのでその通りにならないこともありますが、このように株価と逆の値動きをするのが債券なので、両方に投資することで全体のリスクを抑えることができるのです。株式投資とどう組み合わせればよいかについてはP136でまたお伝えしますね！

　債券投資のデメリットは、株式投資や投資信託より手軽に始められないこと。金融機関によっては取り扱いのないところもありますし、取り扱っていても種類はかなり少なく募集も不定期です。また、数十万円単位のお金が必要になることも多いんです。もし債券を買ってみたい場合は、1万円から始められる「個人向け国債」か投資信託を用いて債券に投資する方法から始めるとよいでしょう。

04

債券の価格は
どんなときに下がるの?

世の中の金利が上がると債券って
価格が下がるんだよね。
ほかにも原因はあるのかな。

発行から償還まで利率が変わらない債券は、世の中の情勢によって、新しく魅力的な利率の債券が発行されてしまうと人気がなくなり、価格を下げないと売れなくなります。債券を持っている人も、これから買う人も、この価格が変動する原因については知っておきたいもの。必ずしも当てはまらないこともありますが、原則を学びましょう。

Q アメリカの金利が上がると、日本国が発行する
債券の価格はどうなる?

❶ 上がる　　❷ 下がる　　❸ 変わらない

アメリカの金利と関係あるのかな。
もしあるなら、アメリカの商品に人気が移るから
日本の商品はニーズが減る?

解説

ものの価格は、公共料金などの一部を除き、すべて需要と供給の

関係で決まります。債券も同じで、世の中の金利が上がると、金利が低い債券は人気、すなわち需要が下がり価格も下がります。そして価格が下がれば償還価格と差が開くため、利回りは上がります。

景気や物価、為替レートの変動も金利の上昇につながります。たとえば景気。日本でも世界でも、景気がよくなると会社は融資を受けてでも設備投資にお金をかけようとするため、お金の需要が高まります。すると景気やインフレ加熱を抑えようと、銀行が金融引き締め政策を行うため、金利が上がります。

円安になると、海外からの輸入品などの価格が上がり、国内の物価上昇につながって金利が上がる、そして債券価格が下がる傾向に。色々な要素が債券価格の変動に影響を与えるのですね。

国内の債券価格が下がる主な要因と仕組み

| 景気がよくなる | 金利が高くなる | 物価が高くなる | 海外金利が高くなる | 円安になる |

世の中の金利が高くなる

債券価格が下がる

債券利回りは上がる

なかでも、海外金利には大きな影響を受けるといわれています。たとえばアメリカの金利が上がった場合、アメリカの債券利回りが上昇し魅力が相対的に高まるため、低い金利で発行された日本の債券は、需要も価格も下がってしまいます。なので、クイズの答えは②。よくニュースでも、「米国の長期金利上昇」といった海外金利に関する情報が流れています。海外金利が上がると日本の債券価格が下がるという傾向を知っておくと、こうしたニュースもぐんと身近になりますね。

05

株式投資とどうやって組み合わせたらいいの？

債券投資のことがだいぶわかってきたぞ！
でも「資産を分けること」が大事なんだよね。
株と組み合わせてもいいのかな？

投資をするときはできるだけリスクを少なくするために、「投資先を1つにせずに分けることが大事」とお話ししましたね。たとえば債券と株式に分けて投資した場合、資産の何割かは手持ちの預金、何割かは債券、残りが株式という組み合わせに。このような資産配分のことを「アセット・アロケーション」といいます。アセット・アロケーションを変えることでリスクを調整できるのです。

Q 運用資産のアセット・アロケーションの中で最もリスクが小さいのは次のうちどれ？

❶ 債券9割：株式1割
❷ 債券7割：株式3割
❸ 債券5割：株式5割

債券は償還まで待てば決まっている金額が
返ってくるんだよね。
何となく株式よりリスクが低い気がするな。

解説

債券と株式のリスクとリターン

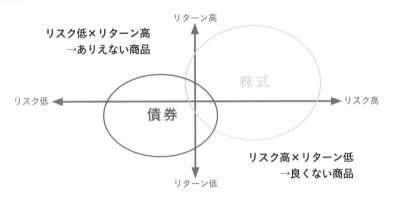

　資産には、銀行預金や現金で持っている「安全資産」と、投資に回す「運用資産」があります。このうち「運用資産」の割合が大きくなるとリスクは増えていきます。さらに、その運用資産の中で様々なアセット（資産）をどう組み合わせるかによってリスク度合いが決まっていくのです。

　代表的なアセットである債券と株式の組み合わせで見てみましょう。上の図はそれぞれのリスクとリターンを表したもので、株式と比べて債券はリスクもリターンも低めです。なので、運用資産のうち債券を多めに配分するほど、全体のリスクもリターンも下がるというわけです。クイズの答えは①ですね。

　さらに、投資先のエリアによってもリスクとリターンは変わります。債券と株式のどちらも、国内→先進国→新興国の順にリスクとリターンが上がっていく性質があるため、国内債券と国内株式を半分ずつ組み合わせた場合と、先進国債券と先進国株式を半分ずつ組み合わせた場合では、前者の方がリスク・リターンともに低めに。この原則の性質を踏まえて、どのくらいリスクを受け入れられるかを考えながら、自分の資産配分を考えることが大切です。

06

どんな商品があるの？
どこで買えるの？

**債券は満期になれば戻ってくるし
株式投資と一緒にやってみたいな！**

ここまで債券について学んできましたが、P133で伝えたデメリットには「株式投資や投資信託より手軽に始められないこと」がありました。なぜなら債券の商品は高額だったり選択肢が少なかったりするから。でも、私たち個人が買いやすい商品もあるのです。さて、どのような商品があるのでしょうか。

Q 「個人向け国債」の特徴は次のうちどれ？

❶ **元本割れしない**　　❷ **満期まで売却できない**
❸ **利益に税金がかからない**

「リスクもリターンも低め」って聞いて債券に興味が出てきたから手軽に買えないのは残念だな。

手軽に資産に取り入れたいときは「個人向け国債」という特別な国債に投資する方法や、5限目で教える「投資信託」を使う方法がありますよ。

国内債券と外国債券の概要

国内債券				外国債券	
国債	政府保証債	地方債	社債	円建て債券	外貨建て債券

個人が買える主な国債

- 個人向け国債：1万円から買えて一定期間が過ぎると途中でも換金ができる国債（満期までの期間は3種類）
- 物価連動国債：元金額と利子額が物価の動きによって変動する償還期間10年の国債
- 変動利付国債：利子額が変動する償還期間15年の国債
- 新窓販国債：5万円から5万円単位で買えて償還期間が2年・5年・10年の決まった額の利子が支払われる国債

　国内で発行されている主な債券には、国が発行する国債や政府が元金・利息の支払いを保証している政府保証債、地方公共団体（都道府県や市区町村）が発行する地方債、会社が発行する社債があります。国債、政府保証債、地方債は定期的に募集がかけられ、証券会社や銀行などの金融機関を通じて先着順で購入できます。社債は資金調達したい会社が不定期に募集をかけます。個人向けのものであれば証券会社から買えますが、人気が高い場合は抽選になることも。

　国債のうち物価連動国債や変動利付国債、また政府保証債、地方債、社債に投資したい場合は最低購入金額が10万円以上となるためハードルは高め。最低購入金額が1万円の個人向け国債や5万円から5万円単位で買える新窓販国債は少額から買えるもので、特に個人向け国債は個人が気軽に買えるよう商品が工夫されているので最も始めやすいといえます。その工夫も知っておきましょう。

●個人向け国債8つの工夫

工夫①　**1万円から買える**

工夫②　**途中でやめても損することがない**

工夫③　**どんなことがあっても金利が「0.05%」より下がらない**

工夫④　**世の中の金利に連動して金利が変わる「変動タイプ」がある**

工夫⑤　**金利の増減をさせたくない場合は「固定タイプ」を選べる**

工夫⑥　毎月発行されるのでいつでも買える
工夫⑦　全国の身近な金融機関で買える
工夫⑧　途中で換金したければ1万円からできる

　通常の債券は満期までの間に価格が変動するので、時期によって
は売却すると損することもありますが、個人向け国債は価格が変わ
らないため買った金額については元本保証されています。なので、
クイズの答えは①です。ただし、買ってから1年経過しないと換金
できないことと「直前2回分の各利子（税引後）相当額」が換金額
から差し引かれることは知っておきましょう。

　財務省の個人向け国債特設ページでは簡単にシミュレーションが
できます。たとえば、「変動タイプで満期10年の個人向け国債」を1
万円で買った場合（第162回債の場合）、適用金利が「0.43％」なので
1年間の利子は「1万円×0.43％」で43円（税引前）、半年で受け取
れる利子は21.5円（税引前）となります。

　利子には税金がかかるため実際には「20.315％」分の金額（4円）
が差し引かれて初回は17円が振り込まれます。そして半年ごとに
適用される金利が見直されるので、利子は増えたり減ったりしま
す。このように個人向け国債も通常の債券と同様に定期的に利子を
受け取れるのです。

　また、途中で換金せずに10年後の満期を迎えれば1万円が返って
きますが、買ってから1年経てば満期を迎えていなくても1万円に
換金できるのも個人向け国債の特徴です。直前2回分の利子の一部
が差し引かれるため、適用金利を同じ0.43％とした場合は「43円×
0.79685≒34円」が引かれた「9,966円」が戻ってきます。それまで
に受け取った利子を足した合計で見ると元本割れをしていません。
ただし、定期的に利子を受け取るため複利効果が得られないことは
知っておきましょう。

　さらに、最低保証金利がありどんなに世の中の金利が低くなって

も0.05％より下がらないため、メガバンクの預金金利よりも高いのは嬉しいですね。しかも、全国の金融機関で申し込めるので手軽に始められます。元本割れリスクがないので「少し金利が高い預金のようなもの」と考えるとわかりやすいですね。

新窓販国債も全国の金融機関で買えますが、途中で売却した場合は通常の債券と同様に価格変動があるため損することもあるのが個人向け国債と異なる点です。金利も固定タイプのみです。

その他、外国が発行する外国債券についても紹介します。外国債券とは、「発行市場、発行体、通貨のどれかが外国である債券」のことですが、一般的には外貨建て債券を「外国債券」と呼びます。たとえば「ドル建て、ユーロ建て、豪ドル建て」という感じです。

外貨建てなので債券を買うときに払うお金も、定期的に受け取る利子も、そして満期で受け取る元本もすべて外貨です。もちろん、途中で売却することもできて、これも外貨で受け取ります。外貨建て債券を円でやり取りする場合は、円と外貨を交換しないといけません。そのため、払うときと受け取るときに為替レートの影響を受けます。たとえば同じ利子を受け取る場合でも円安なら多くなるけれど、円高になれば少なくなってしまうのです。

また、外国債券にはカントリーリスクもあります。たとえば政治や経済が不安定な国でクーデターや戦争が起こったり、急激に情勢が変化して債券価格が大きく上下したり、利子や元本の支払いが危ぶまれることもありえます。こうしたリスクが考えられる国の債券は、金利がとても高いことが多いのですが、避けた方が賢明でしょう。P131で紹介した「格付け」も参考になりますよ。

ちなみに円建てで発行される外国債券や円と外貨の二重通貨建ての債券もあり、どちらも外貨建て債券よりは為替リスクが抑えられています。

実際にやってみよう！
〜債券投資の商品を選ぶ〜

**債券って株式よりもリスクが低くていいね。
アルバイト代から投資してみようかな。**

債券投資の基本がわかったところで、どう商品を選べばよいか、また「貯金がある人、積立したい人」などケース別に向いている方法を見ていきましょう。

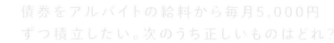

Q 債券をアルバイトの給料から毎月5,000円ずつ積立したい。次のうち正しいものはどれ？

❶ 個人向け国債でできる　　❷ 外貨建て債券でできる
❸ どちらでもできない

**アルバイト代から債券投資してみたいけど、
出せても月5,000円くらい。
どうやって買えばいいのかな？**

債券に投資をしたい場合は最低でも1万円は必要だから、個人向け国債も外貨建て債券も社債も難しいため、クイズの答えは③。ですが、積立したい人に向いている方法もあります。

　債券には色々な種類がありますが「1万～数十万円」などまとまったお金が必要な商品が多く、なかなか気軽に始められないもの。とはいえ、P136でお話しした「アセット・アロケーション」を考えると、債券を配分して運用資産全体のリスクを調整する方法も知りたいですね。そこでケース別に買える方法をお伝えします。

1　銀行で買いたい人

　銀行で買える債券は、1万円から買える個人向け国債と5万円から5万円単位で買える新窓販国債です（P139参照）。どちらも積立はできませんが毎月発行されるため毎月買うことができます（新窓販国債は発行されない月もあります）。ちなみに、新窓販国債を取り扱う都市銀行は2023年8月時点で2行のみでした[※]。

2　10万円以上投資したい人

　10万円以上でしっかり投資したい場合は社債や外貨建て債券もよいでしょう。これらは証券会社で買えますが、証券会社によって取り扱い商品は異なります。ある証券会社では社債が3種類、外貨建て債券は「米ドル建て、豪ドル建て、ニュージーランドドル建て」の3種類あり、どれも日本円にすると最低10万円以上かかるものでした。申込期間は1週間前後といつでも気軽に買えるものではないようです。ちなみに、個人向け国債や新窓販国債は取り扱いがあれば証券会社でも買えます。

3　少額で積立したい人

　毎月数千円などの少額を積立したい場合は債券そのものを買うことが難しいので、複数の債券で運用される投資信託を買うことで間接的に債券投資をすることができます。詳しくは5限目でお話ししますが、100円から投資することも毎月積立することもできるので現実的な方法といえるでしょう。

※出典　財務省「新窓販国債　取扱金融機関一覧」
https://www.mof.go.jp/jgbs/individual/kojinmuke/shinmadohan/organization/

株に、債券に、だいぶ詳しくなったぞ！
でもどれもお金が必要みたいだから、
なかなかすぐには始められないなあ。

 次の問題に○・×で答えてください。

①どんな債券でも利子はある

②満期までの間に利率が変わるタイプの債券もある

③債券は金利が上がると価格も上がる

④債券の格付けがAAAのものよりBのものの方が、
　利回りは一般的に高くなる

⑤「国内債券と国内株式を半分ずつ組み合わせた場
　合」と「先進国債券と先進国株式を半分ずつ組み合
　わせた場合」では、後者の方がリスクは大きくなる

⑥個人向け国債の金利は世の中の金利がどんなに下
　がっても0.1％より下がらない

① × 利子がなく返ってくる金額よりも安く発行されている債券もある。「ゼロクーポン債」という

② ○ そのときの金利水準に合わせて利率が変動する債券もある。「変動利付債」という

③ × 債券は原則金利が変わらないので、世の中の金利が上がるとその債券は人気が落ち、安くならないと売れない。なので、金利が上がると価格は下がる特徴がある

④ ○ 格付けとは、「債券の信用度を民間の格付け機関がランク付けしたもの」。ＡＡＡが最も信用度が高くＣが最も低い。格付けが高い債券は、安心して買えるため利回りは一般的に低くなる。
ただし、格付けを鵜呑みにしないよう注意が必要

⑤ ○ 投資先が国内のものより先進国のものの方がリスクは高くなる傾向がある

⑥ × 個人向け国債の最低保証金利は「0.05％」

4限目のポイント

その1 ── 「債券投資」とは、資金を必要としている国や会社にお金を貸すことで利益を得る方法

その2 ── 株式投資よりリスクとリターンが小さいため、組み合わせて運用資産全体のリスクを調整できる

その3 ── 少額で買いたいときは複数の債券で運用する「投資信託」を利用するのがよい

株式投資と債券投資の違いがわかりましたか。アセット・アロケーションを変えることでリスク度合いも調整できるんです。主要な2つについて学んだ次は、「投資信託」を学びましょう。証券会社によっては100円から買えるので、まだ貯金の少ない皆さんも手軽に始められます。

もちろん損することもあるリスク商品なので、リスクやデメリットもしっかり学びましょう。

ポイント投資って
知ってる?

今やコード決済で買い物をすることが日常的になりましたが、もらったポイントで投資ができるサービスもあること、皆さん知っていますか？私はクレジットカードで買い物して獲得したポイントを、つみたてNISAの投資資金に充当しています。なお証券会社によってはNISAが使えないこともあります。
＜ポイント投資のできる証券会社とポイントの例＞
・dポイント：日興フロッギー証券　・楽天ポイント：楽天証券
・Pontaポイント：auカブコム証券　・T／Vポイント：SBI証券

5 限目

プロにお任せ！

~ 投資信託を知ろう ~

投資信託って
どんな仕組みになっているの?

「投資信託」って、何だか難しそう。
僕にできるかな。

「株式」「債券」は、「出資する」「貸す」と内容は異なりますが、どちらもお金を必要とする会社や国などの資金調達に直接つながる投資方法です。一方、投資信託は「株式や債券をたくさん組み合わせたパック商品」で「どこに投資するか」を選ぶのはプロにお任せできるもの。株式や債券よりも、投資初心者から投資のベテランまで利用しやすい工夫がしっかり施されている商品なんですよ。

Q 「ノーロードファンド」とは次のどれのこと?

❶購入時手数料が全くかからない投資信託
❷手数料が全くかからない投資信託
❸債券が全く組み入れられていない投資信託

投資初心者も利用しやすいなんて嬉しい!
しかも、プロにお任せできるのは心強いな。

投資信託の仕組み

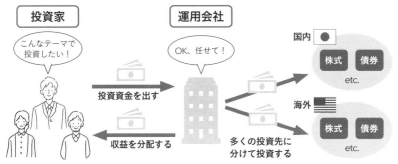

　投資信託とは、みんなが少しずつ出し合ったお金を運用のプロが たくさんの投資先に分けて投資する商品のことです。1人では1,000 円や1万円の少額しか出せなくても何百人、何千人分のお金を集め るとその金額は何億円、何百億円にもなりますよね。まとまった金 額になればより多くの投資先にお金を分けて運用することができる ので、チャンスも増えて、さらにはリスクを分散させる効果にもつ ながるのです。

　なので、投資というと「まとまったお金がないとできない」とい うイメージがあるかもしれませんが、投資信託を使えば100円でも 始められます。誰でも運用してお金が増やせるよう小分けにして販 売されているんですね。

　たくさんの投資家たちが出した資金がまとめられた投資信託を 「ファンド」とも呼び、運用のプロである運用会社が投資信託の運 用方針にもとづいて「どこに投資するか」を決めて分散投資します。 運用方針とは、いわゆるその商品の「テーマ」のようなもの。「日本 の経済成長に投資したい！」とか「世界の不動産に投資したい！」 というものですね。自分で「どの会社が成長するかな？」などリサー チをしなくてもざっくりとテーマさえ決めれば、あとはリサーチに 選定、運用までプロに任せられるのです。

投資信託に関わる会社の役割

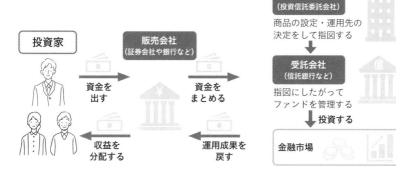

　たとえば「日本の経済成長に投資したい！」と思って、投資信託をたった100円で買ったとしても、その100円がたくさんの日本の株式に分けて投資されるのです。ただし、プロといえども想定通りにいかないことも多々あります。「任せたから絶対に安心」というわけではないことも念頭に置いてくださいね。

　また、投資信託の運営にはたくさんの会社が関わっています。それぞれの会社に大切な役割があるのでここで知っておきましょう。

1　販売会社<証券会社や銀行など>
　投資信託を販売して資金を集めたり、払い戻すなど窓口となる
2　運用会社<投資信託委託会社>
　投資信託の商品を設定したり、集めた資金の運用先を決めて信託銀行などの受託会社に指図する
3　受託会社<信託銀行など>
　運用会社の指図にしたがって、株式や債券などの売買や管理をしたり、集めた資金を安全に保管する

　このように投資信託は、それぞれの会社の役割を明確に分けて運営しているので専門性や透明性が高い商品といえます。投資「信託」と名前にあるように、投資商品なのに信託銀行が関わっているとこ

投資信託にかかる様々な手数料

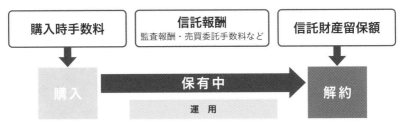

ろが大きな特徴。信託銀行は、みんなから集めた投資信託のお金を保管しており、自身の資産とは分けて「分別保管」する義務があります。集めたお金は法律でちゃんと守られているんですね。

　また、投資信託では購入時・保有中・解約時に手数料がかかります。最初にかかる購入時手数料は、販売会社に支払われるもの。昨今はノーロードファンドといって購入時手数料が「0％」のものも多いですが（なのでクイズの答えは①）、中には「3％」を超える商品もあるので要注意。手数料の分だけ運用できる金額が減ってしまいます。また、同じ投資信託でも販売会社により手数料が違うこともあります。

　運用期間中は毎日「信託報酬」がかかります。運用管理費用とも呼ばれ、販売会社・運用会社・信託銀行に支払うもの。「年率〇％」と決まっていて集めた資金から「間接的」に差し引かれるため実感しづらいのですが、保有中はずっとかかる費用のため要チェックです。同じような運用成果を期待できる投資信託なら、信託報酬の低いファンドを選ぶことが大切ですよ（その他、保有中に「監査報酬」と「売買委託手数料」という手数料がかかる投資信託もあります）。

　解約するときには「信託財産留保額」がかかるものもあります。投資信託は多くの投資家の資金で運用されているので、解約をするときに発生する事務手数料を解約する人がまかない、ほかの保有中の人たちに迷惑をかけないようにする意味合いで設定されます。

　さて、次節からはどんな商品があるかを見ていきましょう！

2

投資信託には
どんな種類があるの?

**よーし!100円なら
僕にもできる気がしてきたぞ!**

「難しい運用をプロに任せられる」「1つ買うだけで分散投資できる」「100円から買える」など、確かにとっつきやすい投資信託ですが、実は商品選びがとても大変。なぜなら日本には6,000本^(※) 近くの投資信託があり、どれを買うかは自分で決めないといけないから。もちろん、証券会社や銀行に相談すればおすすめの商品を案内してくれますが、まずは、どんな商品なのかを読み取る力をつけて自分で選べる人になりましょう。

Q 「インデックスファンド」とは、株価指数などを上回る運用成果を目指すもの。○か×か。

 ❶ ○   ❷ ×

**え!?6,000本?
そんなに多かったら選べないよ〜。**

※出典　一般社団法人　投資信託協会「数字で見る投資信託　2023年6月末」
https://www.toushin.or.jp/statistics/statistics/figure/

投資信託の商品を絞りやすくする分け方

投資信託の商品は7つのパターン＋バランス型で分けられる

　6,000本近くもあると聞けば驚きますよね。でも大丈夫、グループに分けて考えれば簡単に絞り込めますよ。まず1つ目は、投資する資産です。主に資産は「株式」「債券」「不動産」「その他」の4つのグループに分けられます。また、国内か海外かという投資する地域によってもグループが分けられます。

　これらの分類を組み合わせると、「国内の株式に投資するもの」「海外の株式に投資するもの」「国内の債券に投資するもの」「海外の債券に投資するもの」「国内の不動産に投資するもの」「海外の不動産に投資するもの」「その他に投資するもの」の7パターンができあがります。「その他に投資するもの」は、金や原油といった商品に投資するタイプで、国内と海外の区分けはありません。

　また、上の図の真ん中にある「バランス型」とは、これらのグループの様々な資産が組み入れられる商品です。たとえば「国内株式50％、国内債券50％」や「国内株式25％、国内債券25％、海外株式25％、海外債券25％」といった具合で運用されます。

　それでは、商品選びに役立てるためにそれぞれのグループの特徴を知っていきましょう。

●投資する資産ごとの特徴
〈株式〉
　大きく増えることを期待できるが、損する可能性も大きく値動きが大きい。
〈債券〉
　大きく増やせる期待はできないが、株式と比べると値動きが安定している。
〈不動産(REIT)〉
　少額投資で不動産投資の効果が得られる。金利上昇局面に利益を得られる傾向があるがリスクもある。
〈その他(金・原油・穀物など)〉
　株式などと異なる値動きをするため、組み合わせることでリスク分散につながるがリスクは大きめ。

●投資する地域ごとの特徴
〈国内〉
　投資対象となる株式にはよく知っている会社も多く親しみやすい。また、国内全体の景気もわかりやすく値動きをつかみやすい。海外への投資よりは値動きが小さい傾向だが、大きく減ることもある。
〈海外(先進国・新興国)〉
　海外の国や地域の経済成長に投資でき、知っている企業は少ないかもしれないが世界中の企業に投資できる。円高になるとマイナス、円安になるとプラスなど為替の影響がある。先進国より新興国の方がリスクは大きめ。

　少しイメージが湧いてきたのではないでしょうか。「自分に合ったタイプはどれかな」と考えてみて気になる組み合わせを選べばよいのです。次に2種類の運用方法、「パッシブ運用」と「アクティブ運用」を説明します。

2つの運用方法の特徴

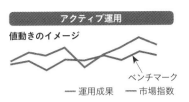

パッシブは「受動的」という意味で、市場指数（市場の平均的な成果）に連動することを目指す運用のこと。アクティブは「能動的」という意味で、ファンドのコンセプトに沿って成果を得るために、市場の平均的な成果を上回ることを目指す運用のことです。パッシブ運用の代表的なファンドはインデックスファンド（クイズの答えは②）、アクティブ運用の代表はアクティブファンドです。「ベンチマーク」はファンドの運用の良し悪しを判断するものさしとなるもの。市場指数が使われるのが一般的です。ファンドの説明時に「TOPIXをベンチマークとして、それを上回る投資成果を目指します」のように使われます。採用されるベンチマークはファンドによって様々ですよ。

インデックスファンドのメリットは、ベンチマークと連動することを目指すため運用の成果をイメージしやすいことでしょう。たとえば日経平均株価がベンチマークだったら、「日経平均株価が1％上がった」と聞けば、その投資信託の運用成果も「大体1％上がった」とわかります。また、信託報酬が相対的に低いのもメリットです。

アクティブファンドのメリットは、運用会社のプロであるファンドマネージャーなどが、その投資信託の運用方針にもとづいて投資先の調査や分析、売買のタイミングなどを判断して選ぶため、インデックスよりも高いリターンを狙える可能性があること。ただし、信託報酬は相対的に高い傾向です。運用方針には会社の成長力に着目して選ぶグロース投資などがありますが、詳しくは「目論見書」の節でお話ししますね。ちなみに、アクティブファンドはベンチマークを上回る成果を目指すものですが、ベンチマークを採用しないものもあることを知っておきましょう。

03

投資信託で得られる利益は
どんなもの?

やっぱり株式みたいに
高く売れれば儲かるんだよね?

投資信託で得られる利益は主に2つあります。1つは、
買ったときより売ったときの値段の方が高いときに得
られる「売却益」。もう1つは「分配金」。
これは投資信託の運用によって得られた収益を決算ご
とに投資家たちに分配するお金のことです。株式投資では、配当を
出す会社であれば決算ごとに投資している会社から「配当金」が
出ます。投資信託ではたくさんの投資家たちに収益を分配するから
「分配金」というのですね(分配金がない投資信託もあります)。

 Q 同じ「日経平均株価」に連動する2つのイン
デックスファンドなら、基準価額が高い方が
よいファンドだ。〇か×か。

 ❶〇　 ❷×

投資信託の値段って基準価額っていうんだ!
初めて聞いたな。

投資信託の２つの利益

売却益
（キャピタルゲイン）
買ったときの値段より、売ったときの
値段の方が高くなれば得られる

分配金
（インカムゲイン）
投資信託の運用によって得られた収益
が決算ごとに投資家たちに分配される

投資信託は、買ったときの値段より売ったときの値段の方が高くなれば「売却益（キャピタルゲイン）」を得られます。この投資信託の値段のことを「基準価額」といい、WEBサイトなどでいつでも公表されています。

ですが、公表されている基準価額は、前日17時頃に発表されたもの。「え？今の値段を知ることができないなんて、いくらで買えるか（売れるか）わからなくて不安」と思ったかもしれません。これにはファンドを持っている人・これから買う人・売る人全員の公平性を保たせるためという、きちんとした理由があります。どういうことかというと、買える値段や売れる値段がわかった状態で注文ができると、そのまま持ち続けている人が不利になることがあるからなのです。このように取引の前に値段がわからない方式を「ブラインド方式」といいます。また、買ったり売ったりした場合に反映される基準価額が「いつのタイミングのものなのか」は投資信託ごとに異なるので、気になる人は買う前に目論見書で確認しましょう（P164参照）。

それでは基準価額はどのように決まるのでしょうか。投資信託の「購入・解約」の注文は原則15時に締め切られます。その後、そのファンドの資産全体からコストを差し引き、その日の基準価額が決まるのです。

基準価額は一般的に1万口あたりの表記。基準価額を使って具体的にファンドを購入・解約したときの計算方法を見てみましょう（話を簡単にするため手数料・税金は考慮しません）。

＜基準価額が8,000円(1万口あたり)の「Aファンド」を10,000円分購入＞

買える口数＝10,000円÷8,000円＝1.25万口

10,000円で「Aファンド」が1.25万口買えたことになります。

＜その後、基準価額が10,000円になったときに解約＞

1.25万口×10,000円（1万口あたり）＝12,500円

12,500円となり2,500円の利益が出ました。

＜もし基準価額が6,000円のときに解約すると……＞

1.25万口×6,000円（1万口あたり）＝7,500円

7,500円となり2,500円損したことになります。

このように運用成果は購入したときと解約するときの「基準価額」で決まります。

　投資信託の基準価額はファンドによってまちまちです。同じ指数に連動するファンドでも基準価額は違うため、何となく基準価額の高い方がよさそうな気がしませんか？

　ですが、基準価額が高い方がよいファンドというわけではありません。その理由は、どのファンドの基準価額もその投資信託の誕生時に1万円でスタートするから。同じ「日経平均株価」に連動するインデックスファンドでも、その商品の運用がスタートした日が違えば基準価額は変わります。具体的な例で見てみましょう。

　同じ日経平均株価に連動するAファンドとBファンドがあるとします（すべて仮の数字です）。

4月1日：Aファンドが運用スタート（基準価額10,000円）

　　　　日経平均株価＝20,000円

6月1日：Bファンドが運用スタート（基準価額10,000円）

　　　　日経平均株価＝15,000円（4月1日より25％下落）

　⇒Aファンドの基準価額＝10,000円×75％＝7,500円

ファンドの比較で基準価額を基準にしない理由

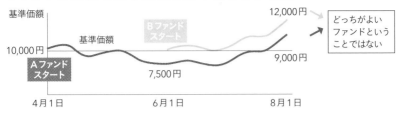

8月1日：日経平均株価＝18,000円（6月1日より20％上昇）
⇒Aファンドの基準価額＝7,500円×120％＝9,000円
⇒Bファンドの基準価額＝10,000円×120％＝12,000円

　こうして時系列で追っていくと、似た値動きとなるはずなのに、基準価額が異なる理由がわかるかと思います。だから、ファンドを比較するときに基準価額で決めるのはNG。クイズの答えは②です。

　次に「分配金」についてお話しします。分配金の特徴は　①ファンドの資産から支払われるお金　②分配金が支払われた分ファンドの資産が減る　③決算日ごとに支払われるが金額は一定ではない　④急に支払われなくなることもあるの主に4つです。分配金はもともとファンドの資産の一部。運用で資産が増えた分を使って分配されます。でも、分配金があるから運用成果がよいファンドというわけではありません。それはなぜでしょうか。次の節で解説しますね。

分配金は「受取コース」と「再投資コース」どっちがいいの？

定期的に分配金がもらえるのは嬉しいから、やっぱりもらった方がいいんじゃないのかな？

投資信託には「毎月など定期的に分配金を受け取るコース」と「受け取らずに再投資に回すコース」があります。またどちらかに設定しても、後で変更することもできます。さて、定期的に受け取るのと再投資に回すのではどちらがよいのでしょうか。

> **Q** 分配金が支払われると基準価額（投資信託の値段）は上がる。〇か×か。
>
> ❶ 〇 　 ❷ ×

分配金のあるなし、両方のメリットとデメリットを知っておくのが大事ですよ。

解説

　投資信託にも株式と同じように「決算」があります。決算では、その期間の収益や費用、資産内容などが公表され、投資家たちは得られた収益から分配される「分配金」を受け取ります。受け取るタ

投資信託の分配金の仕組み

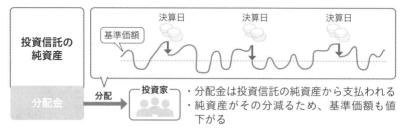

イミングは投資信託ごとに年1回、2回、4回、毎月など様々です。

　分配金は投資信託の純資産（運用資産）から支払われるため、分配金を受け取った分、純資産は減少し投資信託の値段である「基準価額」は下がります。なぜなら基準価額は「純資産総額÷投資家全員の持っている総口数」だから。口数が変わらず純資産総額が減るため基準価額は下がるのです。なのでクイズの答えは②ですね。

　とはいえ、投資家自身が決算時点で損しているかどうかにかかわらず、ファンドに収益などがあれば分配金は支払われるので、早い段階で一部の利益を確定できる点はメリットです。たとえば、ある投資信託を基準価額8,000円のときに10,000口買ったとしましょう。決算時期の基準価額が7,000円だとすると、運用自体はうまくいっていませんが、保有していれば分配金を受け取れるので利益は得られます。そして投資の効果を実感しながら、基準価額が上昇するのを待てるわけです。また、年金のように定期的に現金収入が欲しい人にも、分配金が受け取れることは嬉しいでしょう。少しでも現金収入を「今のうちに」得ておきたい人に向いています。

　一方で、分配金が支払われると純資産が減ってしまうことはデメリット。なぜなら決算の次の期に運用できる資産が減ってしまうから。利益が利益を生む「複利効果」が得づらくなってしまうのです。

　複利とはP74で学んだように、預けた金額（元本）にその期間の利息を加えた金額が次の期間の元本になる方法です。同じ元本でスタートしても長期になるほど単利と複利での利息の差は大きくなる

受取コースと再投資コースの違い

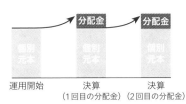

とお伝えしました。分配金も考え方は同じです。単利のように定期的に受け取ると元本が増えないため、次の期の運用に回せる金額が大きくならないのです。でも分配金を再投資に回せば、次の期に再投資金を加えて運用に回せます。その分、運用効率が高まりますね。長期的にじっくり投資信託で資産形成していきたい場合は、分配金再投資コースを選んで複利効果を得るのがよいでしょう。

　ところで、上の図にある「個別元本」という言葉は何でしょうか。これは投資信託を買ったときの基準価額を指します。ただし、ずっと同じではなく次のような場合に個別元本は変わります。

- ・同じファンドを違う基準価額のときに追加購入した場合
- ・分配金を再投資した場合
- ・元本払戻金（特別分配金）を受け取った場合

追加購入した場合、新しい個別元本は次の計算式で算出されます。

個別元本＝（追加購入前の投資総額＋追加購入にかかる投資額）÷追加購入後に保有している口数

　たとえば基準価額8,000円のときに10,000口買った（このときの個別元本は8,000円）後、基準価額12,000円のときにも10,000口買ったとしましょう。このとき、基準価額は10,000口あたりの金額です。
〈追加購入前の投資総額〉
　8,000円÷10,000口×10,000口＝8,000円

〈追加購入にかかる投資総額〉

　12,000円÷10,000口×10,000口＝12,000円

〈追加購入後に保有している口数〉

　10,000口＋10,000口＝20,000口

新しい個別元本＝（8,000＋12,000）÷20,000口＝10,000円

となります。

普通分配金と特別分配金の違い

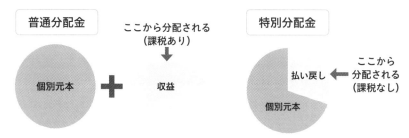

　さて、ここまで見てきた分配金には「普通分配金」と「特別分配金」があります。普通分配金は運用で得られた収益から支払われる分配金で個別元本を上回る金額です。投資家にとって利益となるため税金もかかります（iDeCoやNISAにはかかりません）。

　特別分配金は利益ではなく元本の一部について投資家に払い戻す性質のため「元本払戻金」ともいわれます。個別元本を下回っている部分から支払われるため、その分基準価額も個別元本も減少します。利益ではないため税金もかかりません。

　再投資コースを選んだ場合でも、再投資に回す普通分配金には所得税・住民税を合わせて税金が20.315%かかり、税金を差し引いた残りの金額が再投資に充てられます。なので、運用している間に利益を得たい人は「受取コース」、長期的に効率よく資産を育てたい人は「再投資コース」を選ぶのがよいですね。

投資信託のトリセツ！
「目論見書」はどう読むの？

**投資信託は難しい言葉が
いっぱい出てくるなあ……。**

「目論見書」は「もくろみしょ」と読みます。色々な
商品に取り扱い説明書がついているように、投資信託
にもそれぞれのファンドのトリセツがあり、それを目
論見書と呼ぶのです。堅い名前から難しそうに思われ
ますが、文字だけでなく図やグラフを使って読みやすくまとめられ
ている、とてもわかりやすい資料です。何が書いてあるのか、どこ
に注目すればよいのかを学びましょう。

Q 目論見書を見れば、そのファンドの過去の運
用実績がわかる。〇か×か。

❶ 〇　　❷ ×

「トリセツ」といったけれど、どのように運用するか
やコストはどのくらいかなどを宣言する「マニフェス
ト」ともいえますよ！

解説

交付目論見書と請求目論見書の特徴

交付目論見書	請求目論見書
投資家に必ず交付されるもの。WEBサイトで公表されている	投資家が請求した場合のみ交付されるもの。情報量がとても多い

　目論見書とは、「投資信託説明書」とも呼ばれるファンドのトリセツです。目論見書には2種類あり、1つは投資家に必ず交付される「交付目論見書」。これは販売会社に販売前の交付が義務づけられている書類で、投資家であれば購入前に必ずチェックすべきものです。販売会社や運用会社のWEBサイトに載っているので、誰でも自由に見ることができますよ。

　もう1つは投資家から請求があった際に交付される「請求目論見書」。ファンドの沿革や経理状況といった詳しい情報が記載されています。そのファンドを設定した運用会社のWEBサイトに載っていたり、販売会社のカスタマーサービスなどを通して書類請求をすることで見られます。請求目論見書は情報量がとても多く数百ページに及ぶこともある書類で、投資家が必ず読むべきとはいえませんが、交付目論見書は必ず目を通すべき書類です。では一体、交付目論見書には何が書いてあるのでしょうか。

　交付目論見書の記載項目は主に次の5つです。
①商品分類・属性区分　②ファンドの目的・特色　③投資リスク
④運用実績　⑤手続き・手数料等
　それでは次ページから順番に見ていきましょう。

交付目論見書の記載項目の例

商品分類				属性区分				
単位型・追加型	投資対象地域	投資対象資産（収益の源泉）	補足分類	投資対象資産	決算頻度	投資対象地域	投資形態	対象インデックス
追加型	国内	株式	インデックス型	その他資産[投資信託〔株式（一般）〕]	年1回	日本	ファミリーファンド	日経225

出典　ニッセイアセットマネジメント「ニッセイ日経225インデックスファンド　投資信託説明書（交付目論見書）」より引用
https://www.nam.co.jp/report/pdf/mo120401-1.pdf

①商品分類・属性区分

　投資信託協会が定めている「商品分類」にもとづいて、どのファンドでも概要が一目でわかるように交付目論見書の最初に掲載されています。図の例では、投資信託が運用されている期間中、原則いつでも購入できる「追加型」で、「国内」の「株式」に投資する「インデックスファンド」ということがわかりますね。決算頻度は「年1回」でこのファンドのベンチマークは「日経225」のようです。

　投資形態とは、そのファンドの運用の仕組みを表し「ファミリーファンド」か「ファンド・オブ・ファンズ」のどちらかが書いてあります。「ファミリーファンド」とは、複数の「ベビーファンド」の資金をまとめて「マザーファンド」と呼ばれる投資信託に投資し、マザーファンドが株式や債券などの資産に投資する運用方式のこと。

　一方「ファンド・オブ・ファンズ」とは、複数の投資信託を組み入れる投資信託で他社の投資信託を組み入れることもでき、より分散させることを狙いとしますがコストが二重にかかるのが注意点です。

②ファンドの目的・特色

　「どんな成果を目指して運用をするのか」というファンドの基本方針が書かれています。たとえば、あるファンドの目論見書には「長期的な資産形成に貢献するため、信託財産の長期的な成長を図ることを目的として、国内外の株式に投資することにより積極運用を行います」とあります。

「国内外の株式」から投資地域が国内と海外とわかり、「積極運用」から積極的に指数を上回ることを目指すアクティブファンドであることがわかります。「市場価値が割安と考えられる銘柄を選別」など「どうやって投資先を選んでいるか」も書いてあり、その他、分配金の有無や分配する基準・頻度などの分配方針もわかります。

③投資リスク

基準価額の変動要因となるリスクが載っています。たとえば価格変動リスクや為替変動リスク、流動性リスクなど。記載されるリスクの項目はファンドに組み入れられる投資対象によって異なります。

④運用実績

過去の運用実績のダイジェストが記載されています（運用実績が載っているためクイズの答えは①）。主に以下の内容が書かれています。

- 基準価額や純資産の推移：ファンドがスタートしてからの推移です。順調に純資産が増加してきているかなどが確認できます。
- 分配の推移：過去数年間の分配状況がわかります。
- 主要な資産の状況：組み入れられている資産の内容や比率がわかりファンドの特徴をつかめます。
- 年間収益率の推移：安定して運用できているかの参考になります。

⑤手続き・手数料等

購入や換金の手続きに関することや、償還（ファンドが運用を終了すること）ルール、ファンドにかかる手数料など、細かな決まり事がまとめて書かれています。コストは交付目論見書でもしっかりチェックしましょう。

このように目論見書はその投資信託の全体像を理解する上でとても役立つ資料です。必ず購入前に読むようにしましょうね。

06

ETFってどんなもの?
投資信託と何が違うの?

**ETF?それも投資商品なのかな、
僕でも買えるの……?**

ETF。突然の横文字登場ではありますが、これも投資信託の一つです。「Exchange Traded Fund」の頭文字を取っており、取引所（Exchange）で取引される（Traded）投資信託（Fund）ということ。普通の投資信託と違うのは、株式と同じように証券取引所に上場していることです。そのためETFは、まるで株式投資をしているかのように売買するんですよ。

Q ETFを買うとき「指値買い」ができる。
〇か×か。

❶ 〇　　❷ ×

**へえ！株式投資と同じように買える投資信託か。
普通の投資信託と何が違うんだろう。**

解説

現在、国内市場に上場しているETFはほとんど、日経平均株価や

投資信託とＥＴＦの違い

	投資信託（非上場）	ETF（上場）
取引価格	1日に1度算出される基準価額	リアルタイムで上下する市場価格
指値・逆指値の購入	できない	できる
定期定額購入	できる	できない（一部可能なものも）
購入時の手数料	ノーロードならかからない	原則かかる
分配金の自動再投資	できる	できない
信託報酬	かなり低いものも出てきている	投資信託より低い傾向
必要資金	100円など少額から	数万～数百万円以上
国内の商品数	6,000本近く	300本近く
売買できるところ	証券会社・銀行・信用金庫など	証券会社

TOPIX指数といったベンチマークに連動するように運用されるパッシブ運用のもの。投資信託のインデックスファンドと同じに思えますが、一番大きな違いは基準価額が1日1回しか変わらない投資信託に対して、取引時間内に値段が変わること。値動きを見ながらリアルタイムに売買できるので、株式投資と同じように取引したい価格を指定して注文する「指値買い」もできます（なのでクイズの答えは①）。ちなみに、2023年9月7日にアクティブ運用型のETFが6本上場して注目を集めました。それまではすべてパッシブETFでしたが、今後はアクティブETFも増えそうです。

　また、運用中にかかる「信託報酬」が投資信託より低めであることもメリットですが、昨今は投資信託の信託報酬もかなり下がっているためその差は縮まっています。ただし、買いやすさでいうと投資信託に軍配が上がります。たとえば投資信託では同じ金額を定期的に積み立てられますが、ETFでは原則できません。手数料も主なインデックスファンドはノーロードのものが増える一方、ETFでは購入や売却時に原則として取引手数料がかかります。分配金を自動的に再投資することもできません。なのでETFは、投資できる資金があり好きなタイミングで取引したい人、まめに自分で再投資ができる人には選択肢の一つとなるでしょう。

07

実際にやってみよう！
～投資信託の商品を選ぶ～

**最初に買うならわかりやすそうな
インデックスファンドにしようかな。**

「株式」「債券」「投資信託」と学んできた中で、これからの人生において関わる機会が多いのは投資信託です。なぜなら、6限目でお話しするNISAやiDeCoという制度でも投資信託を選ぶことが多いから。6,000本近くある投資信託ですが、実際には各販売会社の取り扱い商品から選ぶので数は絞られます。自分の頭で考えて買える人になるには、どんな手順で選べばよいかを知っておきましょう。

Q 投資信託を選ぶ際、分配（決算）頻度はできるだけ多いものの方が運用効率が上がる。○か×か。

❶○ 　　❷×

**分配金をもらえる回数が増えるってことだよね？
単純に考えたら多くもらえた方が
よさそうだけど……。**

自分で投資信託を選ぶときの手順

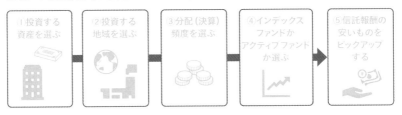

　多くの投資信託から自分に合うものを選ぶのは至難の業。でも大丈夫、証券会社や銀行のWEBサイトでは買いたいタイプに絞り込んで検索ができるようになっています。まずは自分がどういうタイプの投資信託を買いたいかを決めましょう。

①投資する資産を選ぶ

　投資する資産ごとの特徴を踏まえて「自分がどの資産に投資したいか」を考えます（P154参照）。たとえば株式であれば「大きく増えることを期待できるが、損する可能性も大きく値動きが大きい」という特徴があり、債券であれば「大きく増やせる期待はできないけれど、株式と比べると値動きが安定している」という特徴があります。

　この場合、積極的に大きく増やしたい場合は株式、大きく増えなくてもよくて、できるだけ安定させたい場合は債券を選びます。もちろん少額ずつ組み合わせたり、両方が組み合わされたバランス型のファンドを選ぶこともできます。

②投資する地域を選ぶ

　次に投資する地域を考えます（P154参照）。たとえばよく知っている日本の経済成長に投資をしたければ国内、世界の経済成長に投資をしたければ先進国や新興国、もしくは全世界を対象にしたものとなります。

③分配(決算)頻度を選ぶ

　検索サービスによっては、投資対象だけでなく分配(決算)頻度を絞り込めることもあります。投資信託の決算は年1回〜毎月(年12回)まで色々ありますが、多い方と少ない方ではどちらがよいのでしょうか。

　分配金はP160で学んだように、支払われると基準価額が下がり次の期に運用できる元本が少なくなるため、長期で運用したい場合はできるだけ分配金を受け取る機会を減らして複利効果を得た方がよいでしょう(なのでクイズの答えは②)。すなわち、より少ない「年1回」がよいといえます。一方で、定期的に受け取りたい場合は毎月など好みの頻度で絞り込みましょう。

④インデックスファンドかアクティブファンドか選ぶ

　指数連動を目指すインデックスファンドにするか、指数を上回る運用成果を目指すアクティブファンドにするかを選びましょう。初めて投資をするのであれば、自分の持っている投資信託の値動きを把握しやすくコストも低いインデックスファンドがおすすめです。

⑤信託報酬の安いものをピックアップする

　絞り込まれた結果で信託報酬の安い順にソートをかけると、最も信託報酬の低いファンドがわかります。また、ファンドの純資産があまりに小さすぎるものは運用が続かなくなるリスクもあるため、100億円以上を目安に選ぶとよいでしょう。

　このように検索すれば投資信託をいくつかに絞ることができます。また、選ぶときには過去実績のチェックも大切です。ファンドのパフォーマンスとして開示されている主な指標を3つ紹介します。

①騰落率：基準価額の値上がり率がわかる

　ある期間内でどれくらい値上がり（値下がり）したかを示したもので、分配金は再投資したとして計算されます（手数料・税金は考慮せず）。

　もし、比べたいアクティブファンドＡとＢの直近1年の騰落率が「Ａ：15％」「Ｂ：10％」であれば、ＢよりＡの方が値上がりしたとわかります。でも、これだけでＡの方がよいファンドとはいえません。短期間では市場全体の一時的な影響を受けることもあるため、3年、5年など算出の対象期間を延ばして、長期でもパフォーマンスが出ているかチェックを。

②年換算リターン（トータルリターン）：1年あたりの利回りがわかる

　どの期間のデータも平均値、1年あたりの利回り（複利）に換算したものとなるため、1年あたりの値上がり（値下がり）具合がわかります。

　同じ言葉ですが、投資を始めた後に販売会社が作成する「トータルリターン通知」は損益の累計金額を指しています。

③シャープ・レシオ：運用効率の良し悪しがわかる

　投資信託を運用する上で同じリターンを得るならば「リスクが少ない方が運用効率がよい」といえますね。シャープ・レシオは「（リターン－安全資産のリターン）÷リスク」で計算します。取ったリスクに対して「どのくらいリターンを得られたか」がわかるのです。そのため、2つのファンドを比較した際に数値の高い方が運用効率のよい投資信託といえるのです。

　なお、指標を参考にする際は同じ投資対象（国内株式など）の投資信託を比較しないと意味がないので気をつけましょう。また会社によって計算方法が違うこともあるので、情報を確認して活用。

投資信託の選び方もわかってお金も
準備できたし、いよいよ始めてみるぞ！

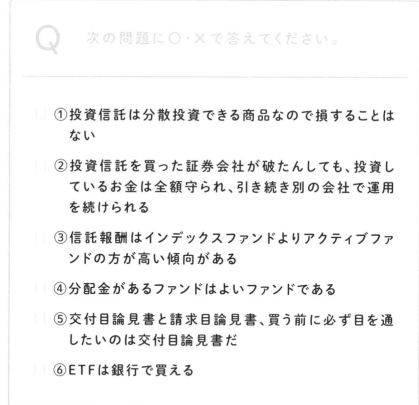

Q 次の問題に○・×で答えてください。

①投資信託は分散投資できる商品なので損することは
　ない

②投資信託を買った証券会社が破たんしても、投資し
　ているお金は全額守られ、引き続き別の会社で運用
　を続けられる

③信託報酬はインデックスファンドよりアクティブファ
　ンドの方が高い傾向がある

④分配金があるファンドはよいファンドである

⑤交付目論見書と請求目論見書、買う前に必ず目を通
　したいのは交付目論見書だ

⑥ETFは銀行で買える

答え

① × リスク商品であり、いくら分散投資ができたとしても価格変動によって損することもある

② ○ 投資信託の運用資産は信託銀行が管理しているため、販売会社である証券会社が破たんしても信託財産に影響はない。運用していた投資信託は別の販売会社に移換されるため続けられる

③ ○ ベンチマークと連動することを目指すインデックスファンドは、手間がかからない分、信託報酬は低め。アクティブファンドは、ファンドマネージャーなどがリサーチをして、よりよい投資先を探すため手間が大きい。そのため信託報酬は相対的に高い傾向にある

④ × 分配金は運用が悪くても分配されることもあり「分配金があるからよいファンド」というわけではない

⑤ ○ 投資家にとって買う前に必ずチェックすべき書類が「交付目論見書」。販売会社や運用会社のWEBサイトに載っており、いつでも自由に見ることができる

⑥ × ＥＴＦ（上場投資信託）は証券会社でしか取り扱いはない

5限目のポイント

その1 ── 投資信託とは、株式や債券などを組み合わせた商品で投資先の選択はプロにお任せできる

その2 ── 100円や1,000円など少額で始められるため投資のスタート方法としてもおすすめ

その3 ── 「どういうタイプの投資信託を買いたいか」を考えて、その中でコストの低いファンドを選ぼう

次はいよいよ最後の6限目。主な投資商品の基本を学んだ皆さんが、いざ投資を始めるときにぜひ「優先してほしい制度」を紹介します。

2限目で「投資では利益の約2割に税金がかかる」と言いました。1万円増えても手元には約8,000円しか残らないなんてイヤですよね。

その税金がかからない制度が「NISA」と「iDeCo」。

具体的に見ていきましょう。

娘の積立投資

娘が積立投資を始めたのは18歳のとき。当時つみたてNISAは使えず、課税口座でアルバイト代から月1万円積み立てていました。買った当初は値動きが気になりしょっちゅうチェックしていましたが、元本割れする時期も多く見るたびに萎え、やめたくなっていたそう。そこで見ないようにした結果、一喜一憂しなくなり、数年ぶりに見るとプラスの収益に。

「あのときやめなくてよかった」と言っていました。

今はつみたてNISA口座で積立しているそうですが、就活が忙しくてアルバイト収入の少ない時期は積立額を5,000円に減らすなど、臨機応変に積立投資を楽しんでいるようですよ。

6 限目

早く始めたもん勝ち！

~NISAとiDeCoを知ろう~

投資を始めるなら
NISAかiDeCoから!その理由は?

「ニーサ」と「イデコ」って、
僕も聞いたことがあって気になっていたんだ。

NISAもiDeCoも、一定金額の範囲内で買った金融商品で得られた利益について税金がかからない制度です。投資を始めるならば、税金がかからないお得な制度を優先するのが◎。ですが、NISAとiDeCoは似て非なるものです。2つの制度の特徴を知って、自分に合う制度を選べるようになりましょう。ここではまず、制度のできた背景を学びます。それぞれの概要や特徴は次節からお話ししますね。

Q NISAもiDeCoも、どちらも好きなときに引き出せる。〇か×か。

① 〇   ② ×

さあ、NISAとiDeCoで引き出せるタイミングに違いはあるでしょうか。これも自分に合った制度かどうかの見極めポイントになりますね。

解説

NISAは2014年1月に始まった制度の愛称で、正式名称は「少額

家計の金融資産構成（2023年3月末時点）

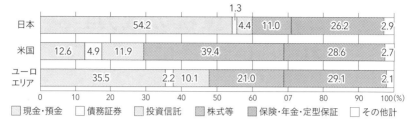

	現金・預金	債務証券	投資信託	株式等	保険・年金・定型保証	その他計
日本	54.2	1.3	4.4	11.0	26.2	2.9
米国	12.6	4.9	11.9	39.4	28.6	2.7
ユーロエリア	35.5	2.2	10.1	21.0	29.1	2.1

出典　日本銀行調査統計局「資金循環の日米欧比較　2023年8月25日」をもとに作成
https://www.boj.or.jp/statistics/sj/sjhiq.pdf

投資非課税制度」といいます。イギリスのISA（Individual Savings Account＝個人貯蓄口座）を参考にしてつくられており、日本の「N」が足された「NISA」が愛称となりました。

　創設の背景には、投資の利益に対する課税への優遇措置が終わってしまうこともありましたが、「現金預金好き」の日本国民に「お金を投資に回させたい」という政府の思惑がありました。

　創設から9年が経った2023年3月末時点でも上の図によると、家計の金融資産の中で現金・預金として持っている割合は米国が12.6％、ユーロエリアが35.5％に対し、日本はなんと54.2％！この日本人が眠らせているお金を投資に回し景気を活性化させることと、自助努力による資産形成を促す目的でつくられたわけです。

　一方、iDeCoは老後のための資産形成を後押しする国の制度の愛称で、2001年に始まったもの。正式名称は「個人型確定拠出年金」といいます。

　iDeCoでは定期預金を選ぶこともできますし、積立中には税制優遇まであります。ただし、60歳まで引き出せなかったり、運用資産を受け取る際には課税があったりするなど、NISAとは色々異なる点があります。なのでクイズの答えは②です。

　このように背景的な違いがありますが、どちらも大きな税制優遇を受けられるため、長期の資産形成には欠かせない制度なのです。

これが非課税の威力！
どれくらいの差になるの？

**税金がかからないのは嬉しいけれど
具体的に効果を知りたいな。**

預貯金や債券の利子、株式の配当金、投資信託の普通分配金、そして投資商品の売却益には約20％超の税金がかかります。たとえば100万円投資して利益が10万円得られたとすると、手元に入るのは約8万円。差し引かれた約2万円は次の期の投資に回せないため、運用できる金額が少なくなってしまうのです。さて、課税の場合と非課税の場合ではどのくらいの違いがあるのでしょうか。

 Q 非課税制度を使うと税金が引かれずに再投資されるので、資産が雪だるま式に増えていく。そのため、どの時期でも損することはない。○か×か？

❶○　　❷×

**うーん、投資だから運用状況が悪ければ
損することもあるんじゃないかなぁ。**

「課 税」と「非課税」に起きる効果の差

〈毎月1万円を積立して平均利回り3％だった場合〉

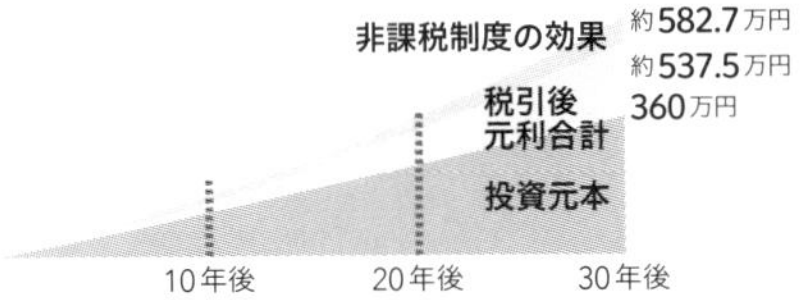

非課税制度の効果　約582.7万円
約537.5万円
税引後
元利合計　360万円
投資元本

10年後　　20年後　　30年後

積立期間	10年間	20年間	30年間
非課税制度で運用	約139.7万円	約328.3万円	約582.7万円
課税口座で運用	約135.7万円	約310.4万円	約537.5万円
非課税制度の効果	約4.0万円	約17.9万円	約45.2万円

※積立期間の平均利回りが3％で毎月積立を続けた場合を仮定。実際は積立期間中の運用益は変動するためグラフの通りにはならない。信託報酬など手数料を考慮せず。あくまでも試算であり、将来の運用成果を保証するものではない

　NISAやiDeCoといった非課税となる制度で、毎月1万円を積み立てた場合と通常の課税される証券口座の場合を比べてみました。

　10年間積み立てると投資元本は120万円。平均年利回りが3％だった場合、課税される口座では約「135.7万円」に増えますが、非課税制度の場合は約「139.7万円」と約4万円も多く得ることができます。もちろん、実際はあくまで投資なので、上の図のグラフのように順調に増えるわけではなく損をする時期もあります（クイズの答えは②）。

　積立期間20年間ではその効果は約17.9万円、30年間では約45.2万円とぐんぐんその差が大きくなります。いかに税金がかからないことが資産形成に大きな影響を与えるかがわかりますね。ちなみに、もし毎月3万円を積み立てていたらどうなるでしょうか。

＜**10年後**＞投資元本　360万円
　非課税制度の場合　419.2万円（課税口座の場合407.2万円）
＜**20年後**＞投資元本　720万円
　非課税制度の場合　984.9万円（課税口座の場合931.1万円）
＜**30年後**＞投資元本　1,080万円
　非課税制度の場合　1,748.2万円（課税口座の場合1,612.5万円）

30年間の場合の非課税効果はなんと「130万円」以上になるのです！

03

「一般NISA」と「つみたてNISA」 どう違うの？

NISAにも色々あるのがややこしいんだよなー。

NISAは2023年までは「一般NISA」「つみたてNISA」「ジュニアNISA」の3種類があります。このうちジュニアNISAは17歳までしか利用できないので、ここでは一般NISAとつみたてNISAの違いを学びましょう。2024年からは新しいNISAが始まります。なお、一般NISAとつみたてNISAを同時に利用することはできません。

Q 次の記述のうち、正しいものはどれ？

❶ 一般NISAの非課税上限額は100万円
❷ つみたてNISAの非課税上限額は年40万円
❸ つみたてNISAの非課税投資期間は5年間

新しいNISAにはなくて旧NISAだけの注意点もあるので、ちゃんと知っておくと安心ですよ。

解説

一般NISAとつみたてNISAの違い

一般NISA	つみたてNISA
● 年120万円まで投資できる	● 年40万円まで投資できる
● 5年経つと課税口座に移される	● 20年経つと課税口座に移される
● 上場株式・ETF・公募株式投信・REITなど買える選択肢が多い	● 長期投資に適した一定の公募株式投信に限定（上場株式は買えない）
● 買う方法は自由	● 積立方式でないと買えない

　一般NISAやつみたてNISAは、特定口座など金融機関で口座を開いた上で専用のNISA口座を開設して、その口座内で取引をします。一般NISAでは、株式や投資信託などを年間120万円まで買うことができ、5年間で得られた配当金や分配金、売却益といったすべての利益が非課税となります。

　つみたてNISAでは、金融庁が設定している要件を満たしており、かつ長期投資に適した投資信託を年間40万円まで買うことができます（クイズの答えは②）。この「長期投資に適した投資信託」というのは具体的にいうと次の要件を満たすものです。

●つみたてNISAの対象商品の主な要件
①販売手数料が0円（ノーロード）で信託報酬が低い商品
　〜「信託報酬が低い」といえる目安〜
　・インデックスファンド　　国内：年0.5％以下　　海外：年0.75％以下
　・アクティブファンド　　　国内：年1.0％以下　　海外：年1.5％以下
②信託財産留保額が0円
③頻繁に分配金が支払われない商品　　　　　　　　　　　　　　など

このようにつみたてNISAは信託報酬が低いものに限定されているため、商品選びの際大きな失敗を避けられるようになっています。つみたてNISA対象商品の信託報酬の平均（2023年7月時点）は、投資先が国内のインデックスファンドで0.242％、海外のインデックスファンドで0.31％とかなり低い水準です[※]。

さて、つみたてNISAは名前の通り買い方が「積立」に限定されているため、たとえば一度に40万円の投資をするような買い方はできません。必ず「毎月、毎週、毎日」など定期的に同じ金額を積み立てる設定が求められます。

なお、同じ年に同時に一般NISAとつみたてNISAを利用することはできないので、どちらか1つを選ぶ必要があります。また、一般NISAは「5年」、つみたてNISAは「20年」までしか非課税での運用ができません。これが扱いづらいところでもあります。

一般NISAの非課税期間が終わった場合のイメージ

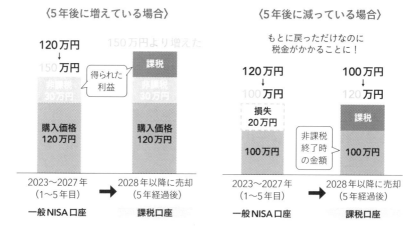

たとえば2023年に一般NISA口座で「120万円」分の株式を買ったとしましょう。もし非課税期間中の2025年に「150万円」に上がった時点で売却したら、利益の「30万円」は税金がかからないので全額受け取ることができます（取引手数料はかかります）。

※出典　金融庁「つみたてNISA対象商品の概要について（2023年10月4日時点）」
https://www.fsa.go.jp/policy/nisa/20170614-2/28.pdf

でも売却せずに5年経つと、一般NISA口座で持っていた資産は課税される口座に時価で移されます。5年経過後の2028年に150万円になっていたら「150万円でその株式を買った」とみなされ、その後に得られた利益分は課税されることになるのです。逆に、2028年に「100万円」に減っていたら要注意。これも課税口座に移されるときに100万円で買ったものとみなされて、もしその後120万円に増えた場合、課税されてしまうのです。

　ちなみに2018年までに一般NISAで投資をしていた人の場合は、5年経過した年の非課税枠を活用する「ロールオーバー」ということができたので、もし資産が減っても非課税で続けることができました。このロールオーバーはつみたてNISAではできません。

　また、つみたてNISAも一般NISAと同じく、非課税保有期間の20年間が終わるとその時点の時価で課税口座に資産が移されます。

　たとえば2023年につみたてNISAを始めて毎月「3.3万円」ずつ積み立てたとしましょう。2023年に積み立てた「39.6万円」の投資信託は20年後の「2042年」まで非課税で持ち続けられます。20年経過した2043年以降は、そのときの時価で課税口座に払い出されるので、もし資産が減っていた場合はその金額で投資されたとみなされてしまいます。20年経つ前に利益が出ているタイミングで売却しておくと安心です。

　この本が出る頃は、さらに使いやすくバージョンアップされた新しいNISAの申し込みができるようになるでしょう。NISAをずっと使えるようになるため、いつまでも非課税で運用を続けることができますよ（P186参照）。

　2023年までにNISAで投資を始めていた人は、上記のような注意事項があるので忘れないようにしておきましょう。早めに現金化して、新NISAで新たに投資する資金とするのも一手です。

2024年開始の「新NISA」は どんなもの?

「新」ってつくということは、 前よりずっとよい制度になるのかな?

2024年1月からNISAが変わります。2023年までの 一般NISAとつみたてNISAで使いづらかった点が改 善されますよ。たとえばこれまでは期間限定だった 「税金がかからずに運用できる期間」が恒久化!これ からはいつまでも税金がかからないので、期限を気にせずに投資で きるんです。また、「税金がかからずに投資できる金額」もくんと 増えます。それでは新制度の内容について詳しく見てみましょう。

Q 新NISAの成長投資枠では、つみたて投資枠 の対象商品を買えない。○か✕か?

❶○　　❷✕

いつまでも税金がかからないなんて 国も太っ腹だな。やらないと損だね。

　新NISAには、投資信託も株式も買える「成長投資枠」、一定の投資信託・ETFの積立に限定される「つみたて投資枠」の2つがあり、それぞれ年間の投資可能金額（成長投資枠：240万円、つみたて投資枠：120万円）まで投資することができます。また、成長投資枠とつみたて投資枠を同時に使うこともできるようになります。

　ただし、どちらも同じ金融機関に設定する必要はあり、一生のうちに投資できる上限金額も1,800万円（そのうち成長投資枠の上限は1,200万円）と決まっています。この金額になるまでは買い続けられるので、最短だと「1,800万円÷360万円（成長投資枠240万円＋つみたて投資枠120万円）＝5年間」で使い切れます。もちろん、大きな金額を投資しなくてもOK。たとえば月3万円分で投資信託を積み立てた場合「1,800万円÷36万円＝50年間」はずっと非課税で投資し続けることができますね。また1,800万円に達した後も、売却すればその簿価（投資した金額）分が翌年から投資枠として復活するので、また非課税で買うことができますよ。

　成長投資枠で買える投資商品は、上場株式や公募株式投資信託、ETF、REITなど。今までの一般NISAでは買えたけれど新NISAで除外された商品もあります。株式は「整理・監理銘柄」という上場の廃止が見込まれる株式や廃止が決定した銘柄、投資信託は信託期間20年未満・毎月分配型・高レバレッジ型のファンドが除外されています。成長投資枠ではつみたて投資枠の対象商品も買えるので両方で同じ投資信託を積み立てたり、「成長投資枠では一括投資、つみたて投資枠では積立」など使い分けることもできます。なのでクイズの答えは②。なお、NISAで損が出てもほかの投資利益との損益通算ができないなど注意点もあります。

旧NISAと新NISAの違い

2023年までのNISA

	一般NISA	つみたてNISA
同時に使える？	同じ年に併用不可。年ごとに選ぶ	
年間投資枠	120万円	40万円
非課税で運用できる期間	5年間	20年間
非課税で投資できる限度額（総枠）	600万円	800万円
口座を開設できる期間	2023年まで	
売却したらどうなるの？	投資枠の復活はない	
購入方法	一括・積立	積立のみ
購入できる対象商品	株式・投資信託・ETF	金融庁が指定した基準を満たす投資信託（P183参照）
利用できる人	日本に住む18歳以上の人[※1]	

※1　海外転勤になった場合、新規買付ができず5年を超えると課税口座に出される

2024年からのNISA

	成長投資枠	つみたて投資枠
同時に使える？	いつでも同時に使える	
年間投資枠	240万円 （年間360万円）	120万円
非課税で運用できる期間	いつまでもできる	
非課税で投資できる限度額（総枠）	合計して1,800万円 [※2]（成長投資枠は1,200万円）	
口座を開設できる期間	いつまでもできる	
売却したらどうなるの？	売却した分、翌年から投資枠が復活する	
購入方法	一括・積立	積立のみ
購入できる対象商品	株式・投資信託・ETF・REIT（一般NISAの対象商品から一部除外される）	つみたてNISAの対象商品と同じ
利用できる人	日本に住む18歳以上の人 [※1]	

※2　簿価方式で管理

05

新NISAでどう投資していくか考えてみよう

1,800万円投資できたら僕の未来も明るいぞ！どうやって投資していこうかな。

1,800万円まで投資できる新NISA。もし老後を迎えるまでに1,800万円まで到達していたらかなり安心感がありますね。それに転職や結婚、子育てなど必要なときに売って使ったとしても、またその分は非課税で買うことができるので、フレキシブルに活用できます。ここでは色々な新NISAの使い方を見ていきましょう。

Q つみたて投資枠だけで1,800万円投資することはできない。○か×か？

 ○　 ×

大学生の今はあまりお金がないからまだ無理かな。でも今始めないとやらなさそうな気がする……。

そうですね、1,000円でもいいからできる範囲でいかに早く始めるかが鍵になりますよ。

解説

新NISAの生涯投資枠をフル活用する運用イメージ

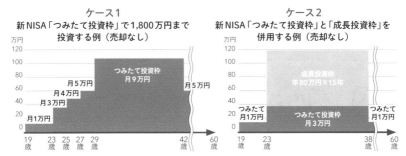

　新NISAでは生涯投資枠1,800万円に到達するまで無期限に買うことができるので、焦って一気に買う必要はありません。収入が少ない時期は無理のない範囲で投資するのがよいでしょう。また、図のケース1のようにつみたて投資枠だけで1,800万円すべてを使うこともできるので、毎月の積立額を少しずつ増やしながら運用資産を大きくしていくこともできます。なのでクイズの答えは②です。

　また、途中で使いたいときには使う分だけ売ることもでき、その分投資枠は復活します。たとえば累計「200万円」で買った投資信託が「300万円」に増えていた場合、その300万円を売却して引き出したら「200万円分の投資枠」が翌年から復活します。とはいえ、年間上限額を超える投資はできないので注意が必要です。

　もっと大きな金額を投資できる人や、株式投資などつみたて投資枠ではできない投資をしたい人は、つみたて投資枠と成長投資枠を組み合わせるとよいでしょう。図のケース2では、大学生のときに月1万円をつみたて投資枠で投資、社会人になってから貯金を使ってさらに成長投資枠も使い年間80万円分を株式投資や積立投資の購入に充てています。なお、成長投資枠でつみたて投資枠の対象商品を買うことも積立することもできるので、両方の投資枠で同じインデックスファンドを買うのもアリです。

iDeCoって
どんなメリットがあるの?

iDeCoがNISAと違うのは何となくわかった。
でも、具体的にはどんないいことがあるの?

iDeCo（イデコ）とは国の年金制度「個人型確定拠出年金」の愛称で商品名ではありません。NISAと同様iDeCoも運用で得た利益に対して税金がかからず、資産を育てられる制度です。ただし、いつでも運用資産を売って現金化できるNISAとは異なり、iDeCoは60歳になるまで一切お金を引き出せません。あくまで老後の生活費として備える「じぶん年金」を準備する制度なのです。20歳から加入できるので、時間を味方にすべく早めに始めて、未来のための安心を手に入れたいですね。

Q 会社員がiDeCoに加入した場合、毎月積立できる金額としてありえるのは次のうちどれ?

---

❶6万円　　❷3万円　　❸1万円

NISAもいくらでも積立できるわけじゃ
なかったよなぁ。
iDeCoにも限度額があるのかな。

iDeCoの仕組み

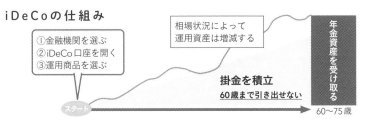

①金融機関を選ぶ
②iDeCo口座を開く
③運用商品を選ぶ

相場状況によって
運用資産は増減する

年金資産を受け取る

掛金を積立
60歳まで引き出せない

スタート

60〜75歳

　iDeCoは60歳以降の未来の自分のために20歳から始めることができる資産形成の制度です。確定拠出年金法にもとづいて実施されていて、公的年金とは違い任意で加入するもの。やった方がよいのかを判断するためにも、制度の特徴をよく知っておきましょう。

　iDeCoのメリットは主に次の4つです。

①強制的に60歳以降の資産をつくれる

　原則60歳になるまで受け取れないため、着実に資産形成できます。たとえば月2万円を20歳から40年間積み立てれば、元本だけで960万円貯まります。

②積立している間の税金を減らせる

　iDeCoでは、毎月自分で決めた金額を積み立てますが、その積み立てるお金を「掛金」といいます。積み立てた掛金は、その全額が「小規模企業共済等掛金控除」という所得控除の対象となるので、毎年税金（所得税・住民税）を減らせます。

③どの金融商品で運用するかを自分で決められる

　iDeCoでは、預金・保険・投資信託といった金融商品から好きなものを組み合わせて積み立てられます。ただし、加入する金融機関（運営管理機関）によって取り扱い商品のラインナップが異なるため、すべての対象商品をどの金融機関でも選べるわけではありません。

④運用で得られる利益に税金がかからず、すべて再投資できる

　投資信託などの運用中に得られる分配金などは、すべて非課税で

資産に戻され再投資されるので複利運用の効果が大きくなります。

※2023年7月現在、特別法人税（年1.173%）は停止されている

　iDeCoのデメリットも知っておきましょう。

①一度加入したらやめられない

　iDeCoは原則やめることができません。「まだ少ししか積み立てていない」や「国民年金保険料の免除を受けている」などの要件をすべて満たした一部の人のみ「脱退一時金」を受け取ってやめることができます。ただし、積立をストップすることは可能です。その場合はそれまでの積立金だけで運用が続けられますし、毎月の掛金の変更も可能です。

②加入している間はずっと手数料がかかる

　iDeCoでは加入時と受取時、また運用期間中に手数料がかかります。加入時と受取時の手数料は金融機関ごとの差があまりないのですが、運用期間中の手数料は最も安いところで月171円（掛金拠出している場合）、高いところだと月589円と418円もの差が！1年にすると5,000円以上、40年でなんと20万円以上もの差があるので資産形成において大きな影響があります。

③受け取り方によって税金のかかり方や控除額が変わるなど出口戦略が難しめ

　iDeCoの運用資産の受け取り方は3種類あります。一度に引き出す「一時金」、5年以上20年以下の好きな期間を設定して分割で受け取る「年金」、金融機関によっては「一部を一時金、残りを分割する」などの組み合わせができる場合も。

　また、利益を含めた資産全体に税金がかかりますが、税金を少なくできる大きな控除を受けられます。控除を一時金で受け取る場合は「退職所得控除」（退職金と同じ）、年金で受け取る場合は「公的年金等控除」（公的年金と同じ）です。人によって最も手取りを増やせる受け取り方は異なるため事前に試算することが重要なのですが、こ

の計算がなかなかややこしいのです。将来、皆さんが受け取る頃には簡単に判別できるサービスができているかもしれませんね。

　iDeCoを始めるには、まず取り扱う金融機関に加入の申し込みをします。都市銀行や地方銀行をはじめ、信用金庫や組合、証券会社など数多くのところで扱っており選ぶのは至難の業。最も手軽なのは日常的に使っている銀行や証券会社で申し込むことですが、デメリット②の手数料にご注意を。「口座管理料」や「運営管理手数料」という名前で書いてあるので、必ずチェックしてから契約しましょう。

　また、金融機関（運営管理機関）によって取り扱う商品ラインナップも異なります。もちろん金融機関自体を途中で変更することもできますが、運用資産を売るなどの手間がかかるので、できれば同じところで続けたいですね。また、商品ラインナップが豊富であれば色々な商品にチャレンジできる面白さもある反面、選ぶ難しさもあるでしょう。そんなときは自分が運用したいファンドの有無やカテゴリーのラインナップをチェックしてみてください。手数料やラインナップの比較には「iDeCoナビ」というWEBサイトが便利ですよ。

iDeCoの掛金上限額

2024年11月まで

職業	掛金の上限額
公務員	月1万2,000円(注3)
会社員（企業年金あり）	月1万2,000円または月2万円(注1・3)
会社員（企業年金なし）	月2万3,000円
自営業・学生	月6万8,000円(注2)
専業主婦（夫）	月2万3,000円

注1：企業年金ありの会社員の場合、企業年金の種類および企業が出す掛金の金額によって上限額は変わる
注2：国民年金基金の掛金または国民年金の付加保険料との合算で月6万8,000円が限度額となる
注3：2024年12月からは掛金上限額の改正が予定されており、企業年金がある会社員と公務員に関して金額が変わる

　掛金は、職業によって上限額が異なります。たとえば会社員は最も高い場合で月2万3,000円。なのでクイズの答えは③となります。最低積立金額は月5,000円から1,000円単位で決められます。専業主婦（夫）も月2万3,000円まで積み立てられますが、所得税などを払っていないので所得控除の恩恵は受けられないことに注意が必要です。ちなみに20歳以上の学生は月6万8,000円が上限です。

07

会社に入る前に知ろう！「企業型確定拠出年金」って何？

iDeCoも確か「確定拠出年金」だったよね。……確定拠出年金って難しい名前だなぁ。

iDeCoの正式名称は「個人型確定拠出年金」でしたね。「個人型」とついているのはiDeCoが個人向けだから。個人ではなく企業向けの「企業型確定拠出年金」もあるのです。「企業型」は会社が自社の従業員向けに退職金制度として導入するものなので、皆さんも企業型確定拠出年金のある会社に入社したら加入することになります。どのような制度なのか知っておきましょう。

Q 企業型確定拠出年金の掛金は会社が出してくれるが、さらに自分のお金を追加して掛金を増やせる場合もある。〇か×か？

❶〇　❷×

確定拠出年金は英語表記の「Defined Contribution Plan」の頭文字を取って「DC」ともいわれます。ここからは短く「DC」と呼びますね。

　企業型DCは会社が導入する制度。入社した会社にこの制度があれば利用できます。内容は基本的にiDeCo（個人型DC）と同じですが、掛金を出す人が異なります。iDeCoでは加入者本人が掛金を出して、指定した銀行口座から毎月引き落とされますが、企業型DCでは会社が掛金を出して、従業員がそのお金を運用していくのです。

　そもそも確定拠出年金制度はいつ始まったものなのでしょうか。今から約20年前の2001年、国民の老後資金確保のために自主的な資産形成を支援することと、当時の企業年金制度が抱えていた色々な問題を解決するために始まりました。

　企業年金とは、会社ごとに導入している退職給付制度の一つで、公的年金に上乗せして退職した従業員に支給する仕組みです。それまでの退職金は賃金の後払いとして会社が積み立てて運用していましたが、運用結果が予定の金額に足りない場合は会社が補てんしないといけないという課題がありました。そこで「拠出」する掛金が「確定」されており、将来受け取る給付は従業員含む個人の運用に任せられる確定拠出年金制度が整備された、というわけです。

　企業型DCがある会社の場合、入社したら制度の説明と加入案内があります。原則はすべての人が加入しますが、入るかどうか自分で決められる「選択制DC」というタイプもあります。このとき会社が導入している運営管理機関で取り扱う運用商品から自分で運用商品を選び指定しますが、iDeCoと異なり企業型DCの場合は、会社が導入している運営管理機関の取り扱い商品しか選べません。

　運用がスタートしてから専用のWEBサイトで資産状況を確認したり、運用商品を変更したりすることができます。退職金ですが、あくまで運用するのは従業員本人なのです。

それでは、企業型DCの概要を見ていきましょう。

企業型DCの概要

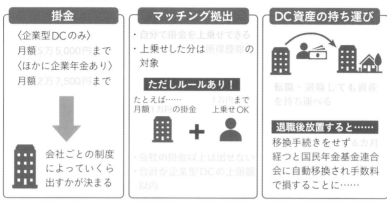

●企業型DCの掛金

　企業型DCで会社が出してくれる掛金には上限があります。ほかの企業年金がある場合は月額2万7,500円、ない場合は月額5万5,000円となり、この金額内で会社がいくら出すか決めます。全加入者が同じ金額の会社もあれば「基本給の何%」や「社内の等級に連動して掛金が上がる」など会社によって制度設計は異なります。

●自分で上乗せできる仕組み「マッチング拠出」

　企業型DCでは、会社が出してくれる掛金に自分でお金を出して上乗せできる「マッチング拠出」という仕組みがあり、この仕組みを導入している会社もあります。なのでクイズの答えは①ですね。

　マッチング拠出のよいところは、自分で上乗せした掛金についてはiDeCoと同じように全額が「所得控除」の対象となり税金を減らせること。また、企業型DCの口座で管理できるので資産管理がシンプルですし、iDeCoでは必ずかかる口座管理手数料もかかりません。給与から天引きで上乗せできるのでラクなことも嬉しいですね。ただし、いくらでも上乗せできるわけではありません。マッチング拠出には2つのルールがあるのです。

1. 会社が出す掛金の金額以上は出せない
2. 会社が出す掛金と自分が上乗せする掛金の合計額が、企業型 DCの掛金上限額を超えてはいけない

　たとえば会社が月1万円出してくれているとしたら、マッチング拠出できるのは1万円まで。ほかの企業年金がある会社で1万5,000円の掛金を出してくれていたら、上限2万7,500円との差額である1万2,500円までしかマッチング拠出できません。また、マッチング拠出をするとiDeCoに加入できなくなることに注意が必要です。なので、会社の掛金が5,000円など少ない場合はiDeCoに入った方がたくさん積み立てられる可能性があるため、よく調べておきましょう。

●DC資産は転職しても退職しても持ち運べる！

　企業型も個人型も確定拠出年金で積み立てて運用している資産は、転職や退職などで環境が変わっても持ち運べます。このことを「ポータビリティ」といいます。

　たとえば企業型DCに加入していた人が転職したとします。転職先に企業型DCがある場合は「前の会社で企業型DCに入っていました」と伝えて持ち運び（「移換」といいます）の手続きをします。それまで運用していた資産は一旦現金化されるため、移換ができたら自分でまた運用する商品を決める必要があることは覚えておきましょう。もし、転職先に企業型DCがない場合や自営業、専業主婦（夫）になる場合は放置しないように注意して。移換手続きをせずに退職後6カ月経つと、自動的に国民年金基金連合会に現金化された資産が「自動移換」されてしまい手数料が引かれる上に、放置し続けるとさらに毎月手数料が引かれ続けて損することに。忘れずに手続きをするようにしましょう。

　企業型DCがある会社に入社したら、すぐに運用商品を決める必要があります。運用は自己責任。自分の意思で決められるように、投資信託の仕組みや選び方などを学び続けていきましょうね！

08

新NISAとiDeCo、どっちを使うのがいいの？

どっちも税金がかからないっていうのは
わかったけれど、両方するほどお金はないな……。
どっちがいいのかな。

新NISAとiDeCo、両方とも利益が非課税となる制度
なのでどちらを使えばよいのか悩む人もいると思いま
す。まずは目的に応じて選ぶのが〇。老後のお金をつ
くりたい人はiDeCo、投資して資産をつくりたい人
は新NISAと考えましょう。iDeCoは60歳まで引き出せません。ま
ずは入社した会社の退職金制度をしっかり押さえて。若いうちは慌
ててiDeCoに加入する必要はないでしょう。

 新NISAとiDeCoについて正しい記述はどれ？

❶ どちらの制度も18歳から加入できる
❷ どちらの制度も所得控除を受けられる
❸ どちらの制度でも投資信託を積み立てられる

解説

　次の表のように新NISAとiDeCoの違いは多く、大きな点は新
NISAが資金をいつでも引き出せるのに対して、iDeCoは60歳にな
らないと現金化できないことです。ほかにも、日本に住んでいる成

新NISAとiDeCoの違い

	新NISA	iDeCo
対象年齢と加入できる人	日本に住んでいる18歳以上の人	20～60歳の人 ※任意加入被保険者・厚生年金加入者は最長65歳まで加入できる ※企業型DCのマッチング拠出をしている人は加入不可
非課税となる期間	無期限	運用期間中
年間投資枠	成長投資枠：240万円 つみたて投資枠：120万円 （総枠の限度額は1,800万円）	働き方によって異なる 14.4～81.6万円（P195参照） （総枠の限度額はなし）
購入できる対象商品	成長投資枠：上場株式・投資信託など^{（※）} つみたて投資枠：金融庁が指定した基準を満たす投資信託（P183参照）	定期預金・保険・投資信託
資金の引き出し	いつでもできる	60～75歳（一時金・年金）
積み立てるお金の所得控除	なし	全額所得控除の対象
受取時の税金	なし	課税される（税制優遇あり）
手数料	なし	口座管理料がかかる

※①整理・監理銘柄　②信託期間20年未満、毎月分配型の投資信託およびデリバティブ取引を用いた一定の投資信託などを除外

人なら誰でも入れる新NISAに対し、iDeCoは国民年金被保険者でないと加入できないため20歳からしか入れません。クイズの①は×です。新NISAで積み立てるお金は所得控除の対象ではないので②も×。正解はどちらも投資信託を積み立てられるので③です。

　このように特徴や目的が異なるので、自分の働き方や環境、価値観によってどちらが合っているかも変わります。両方同時に入ることもできますが、選ぶ場合は次の視点で検討してみてください。

●新NISAよりiDeCoが合っている人の例

・投資が苦手な人

・自営業で所得税を払っている人

・老後資金をつくりたいけれど意志が弱くて引き出しそうな人

●iDeCoより新NISAが合っている人の例

・扶養内で働いている、学生など所得税などを払っていない人

・近い将来、働かない時期がくる可能性のある人

・収入が安定していない人や貯金があまりない人

なので学生のうちは、新NISAを使って投資の練習を始めるのがおすすめですよ。

09

実際にやってみよう！
～NISAとiDeCoの
金融機関を選ぶ～

 どっちの制度も資産形成には欠かせないって
よくわかった！
どこで口座を開こうかなー。

 NISAとiDeCoの制度内容や概要がわかったら、いよいよスタートするための金融機関を選びましょう。特に金融機関選びで注意したいのは、口座管理料がかかるiDeCoです。ただし、金融機関選びに時間がかかりすぎて結局スタートできない……なんてことになったら本末転倒。金融機関を選ぶポイントを紹介するので頑張って！

Q 新NISAの口座はどの金融機関で開いても、買える商品は同じである。〇か×か？

① 〇　② ×

 銀行では株式投資はできないので、株を買いたいなら証券会社に口座を開きましょう。投資信託などの取り扱い商品も異なるのでクイズの答えは②。

新NISAとiDeCoの金融機関選びのポイント

新NISAの金融機関選びのポイント	iDeCoの金融機関選びのポイント
[成長投資枠] ・株式投資はできるか ・米国株やETF投資のラインナップ [つみたて投資枠] ・いくらから投資できるか ・積立頻度は何を選べるか [共通] ・信託報酬の低い投資信託のラインナップ ・カード払いでポイントは貯まるか	・口座管理料は最低水準か ・信託報酬の低い投資信託のラインナップ ・金融機関変更時／受取時の手数料はいくらか ・受取タイプに「年金・一時金併用」があるか

新NISA・iDeCoに共通するポイント
・WEB画面がわかりやすいか ・コールセンターの対応はよいか

　新NISAもiDeCoも途中で金融機関を変更することはできます。しかし、新NISAは年単位でしか変えられずiDeCoは資産を移すのに数カ月かかるなどデメリットも多いため、しっかり金融機関を吟味して1カ所で続けられるようにしたいもの。それでは、それぞれ金融機関選びのポイントを見ていきましょう。

　まず新NISAでは、どんな商品を買いたいか整理を。その上で取り扱い商品のラインナップをチェックします。株を買いたい場合は証券会社になりますね。また、米国株や米国ETFの取り扱い数も、金融機関によって差があるため興味がある人は要注意です。投資信託も信託報酬が低いものが揃っているか、買いたい銘柄があるかを見るようにしましょう。つみたて投資枠については、積立できる頻度に「毎週」や「毎日」を選べるところ、ボーナス月に増額できるところもあるので要チェック。また、クレジットカード払いで投資ができるとポイントも貯められて一石二鳥ですね。自分が使えるポイントかどうかも要チェックです。

　iDeCoでは毎月かかる口座管理料が高くないか必ずチェック。2023年8月時点で、積み立てている場合の最低水準は月171円です。加えて、金融機関の変更時や受取時の手数料も確認しましょう。また受取時に年金と一時金を併用できないところもあります。

でも、受け取るのはかなり先の話なので選択肢が多いところを選んでおくと安心ですね。

また、どちらも長期にわたってWEBサイトを活用するので、自分にとって使いやすいサイトかどうかもポイントの一つになります。

さて、これらの金融機関選びでチェックするポイントを考えすぎると、「結局選びきれない……」なんて人もいるかもしれませんね。そこで、ケース別で簡単に金融機関を選ぶ方法をお伝えしましょう。

●新NISAを始めたい場合

〈新しい金融機関を探すのが面倒な人〉

株式投資はできませんが、今使っている銀行に口座を開くのが手っ取り早く始められます。特に、つみたて投資枠の対象商品のみを使いたいなら、信託報酬が高めのファンドを選ばなくて済むので、取り扱い数が多いのなら問題ないでしょう。ただし、成長投資枠の対象となる投資信託は玉石混交なのでご注意を。

〈商品数が多すぎると選べない人〉

選択肢が多すぎると何を選べばよいのか悩み、結局スタートできない人もいます。金融機関によってつみたて投資枠の取り扱い商品数には差があり、203種類のところもあれば1種類しかないところも[※]。ほとんどの金融機関は30種類以下ですが、ネット証券だと100種類以上もあります。

なので、30種類以下など程よい取り扱い数の金融機関を選ぶとすんなり始められそうですね。ただし、あまりに少なすぎると今度は自分が「買いたい」と思っている銘柄を取り扱っていない可能性も。そこで「つみたてNISAナビ」の「口座比較表」に取り扱い数と銘柄ラインナップが載っているので参考にしましょう。

ちなみに、2023年のつみたてNISAの対象商品はそのまま新NISAつみたて投資枠の対象商品となる見込みです。

※出典　確定拠出年金教育協会「つみたてNISAナビ　口座比較表」2023年8月時点
https://www.tsumitatenisa.jp/list/data.php

●iDeCoを始めたい場合

〈新しい金融機関を探すのが面倒な人〉

　口座管理料が加入中にずっとかかるiDeCoでは、いくら面倒でも普段使いの銀行で何も考えず加入するのはおすすめできません。月171円の金融機関と月589円の金融機関では、加入期間を40年間とすると手数料の違いはなんと「20万円以上」にのぼります。工夫すれば減らせるコストはとことん減らすのが資産形成の成功のコツ。できるだけ手数料が低い金融機関がおすすめです。

〈投資信託を積立したい人〉

　iDeCoで買える投資信託は信託報酬が低いものから高いものまで様々です。中には、アクティブ型の投資信託しか取り扱わない金融機関もあります。どんな投資信託を買いたいか決まっていない場合は、できるだけ信託報酬が低い投資信託を多く取り扱っている金融機関を選ぶのがおすすめ。

　WEBサイト「iDeCoナビ」の「商品内容で比較」から取り扱い数が多い金融機関名をクリックしてどんな投資信託があるか見てみましょう。そして、同サイトの「運用管理費用（信託報酬）ランキング」にある「信託報酬が低い投資信託ランキング」から、その金融機関で取り扱う投資信託の信託報酬の水準をチェックしましょう。

〈わからないときにサポートしてもらいたい人〉

　WEBサイトの使いやすさやコールセンターの対応日時、窓口の有無などをチェックしましょう。同じく「iDeCoナビ」の「サポートで比較」から比べることもできますよ。

確定拠出年金教育協会
「つみたてNISAナビ」は
こちらから！

https://www.tsumitatenisa.jp/

確定拠出年金教育協会
「iDeCoナビ」は
こちらから！

https://www.dcnenkin.jp/

まずはアルバイト代のうち5,000円くらいを
NISAに使ってみよっと。
iDeCoは会社に入ってからにしようかな。

 Q 次の問題に○・×で答えてください。

①つみたてNISAで買える投資信託はすべて販売手数料が0円

②2024年からの新NISAで成長投資枠とつみたて投資枠を同時に使う場合、違う金融機関で運用できる

③新NISAで生涯投資枠いっぱいまで投資した場合、売却すれば簿価分が翌年から投資枠として復活する

④iDeCoは20歳から加入できる

⑤iDeCoでの運用資産の受け取り方は「年金」のみ

⑥学生の場合、iDeCoの掛金は月6万8,000円まで

答え ▶

①○ 販売手数料が0円かつ信託報酬が一定以下のものを取り扱う

②× 成長投資枠とつみたて投資枠は両方でも片方だけでも使えるが、同じ金融機関に設定する必要がある

③○ 生涯投資枠いっぱいに投資しても、売却すれば簿価
分の投資枠が翌年から復活して再び投資できる

④○ iDeCoは20歳から、NISAは18歳から加入できる

⑤× 5年以上20年以下で好きな期間を設定し、分割で受
け取る「年金」や、一度に引き出す「一時金」を選べる

⑥○ 一般的に学生は、6万8,000円が上限額。ただし、月
400円の国民年金の付加保険料を払う場合は、合わ
せて考えるため、限度額は月6万7,000円になる
（掛金月額は1,000円単位だから）

6限目のポイント

その1 ── NISAもiDeCoも非課税で運用できる国の制度

その2 ── NISAは2024年から「新NISA」に変わる

その3 ── 新NISAでは、年240万円までの「成長投資枠」
と年120万円までの「つみたて投資枠」で生涯
投資枠1,800万円まで投資できる

その4 ── NISAと新NISAの運用資金は常に引き出せる

その5 ── iDeCoでは60歳まで引き出せないため、強制
的に老後資金をつくりたい人に向いている

その6 ── iDeCoでは預金・保険・投資信託を買える

その7 ── iDeCoの掛金は全額がその年の「所得控除」
の対象となり税金を減らせる

最初にライフプランを想像してから投資を学んだことで、きっと「こんな未来のために資産を育てたい！」と投資に向き合えていることでしょう。
「投資は難しそう」と思っていた人が「始めてみたい！」と思ってくれていたら嬉しいです。
最後に少しだけ、皆さんの人生が豊かに、できる範囲でうまく投資と付き合っていけるようにヒントをお話しします。

わたし資産も大切に

資産には、お金や不動産などの**有形資産**とキャリアや人脈などの**無形資産**があります。有形資産はもちろんですが、同じくらい大切なのが無形資産。たとえ無一文になったとしても生きていく助けとなるよう、**わたし資産**の蓄積をおすすめしています。
①物事をポジティブにとらえる力　②助け合える人脈
③適切な行政や機関などに助けを求める力　④健康な身体
⑤どんなことでも稼ごうと思える実行力　⑥笑顔
人生には様々なリスクがありますが、そんなとき頼りになるのがわたし資産。特に、人とのつながりがとても大切です。私はできるだけギブ＆ギブの精神を意識し、誰かが喜ぶことを心がけて行動しています。これも資産形成の一つです。

投資も人生も
自分次第

01

投資詐欺に遭わないように ここに注意!

**僕は詐欺なんかに引っかからない
と思うけれど……
とはいえ、ちょっと怖いなぁ。**

「投資」と聞くと「何だか怪しいぞ……」など悪いイメージを持っている人はいるでしょう。実際、投資という言葉をフックにする詐欺師は後を絶たず、誰でも投資詐欺に引っかかる可能性がある世の中です。どんな投資詐欺があるのかを知り、被害に遭わないよう自分を守る術を身につけておきましょう。

Q 投資詐欺の被害に遭った場合など、困ったときの相談先の一つ「消費者ホットライン」の電話番号はどれ?

❶184(いやよ)　❷188(いやや)　❸7171(ないない)

相談できるところがあるんだね。知らなかった。

困ったときには抱え込まず、然るべきところへまず相談が鉄則!投資詐欺など消費者トラブルについては②188(いやや)へ電話しましょう。

解説

投資詐欺でよく使われるフレーズ

こんな言葉は信じるな！	・必ず儲かる	・これまで○年間勝ち続けている！
	・元本保証だから安全	・ほかの出資者との懇親会や旅行に招待！
	・絶対損しない	・借りた利息以上にプラスになる！
	・勝率○％！	・世界トップクラスの会社だから安心！

　人は誰でも「資産を大きく増やしたい」と思っているものです。そんな人の心につけこんだ投資詐欺に遭うのはイヤですよね。一体、どんな手口があるのでしょうか。以下に一例をまとめてみました。

●投資詐欺の手口の例

・Instagram や X（旧Twitter）などの SNS に「必ず儲かる」「安心・安全」などと書いた投資話を投稿。DMで連絡を取り勧誘する
・「投資するお金がない」と断っても「儲かったお金ですぐ返せる」と借金をさせて投資させる
・最初に少し投資をさせ順調に運用している様子を見せて安心させる。その後お金が引き出せない、連絡が取れないなどの問題が発生
・「投資話を紹介して投資させたら紹介料や報酬をあげる」と言い、友人経由で投資話を広げようとするマルチ商法
・マッチングアプリ経由でのロマンス投資詐欺　　　　　　　　など

　さて、どうしたら投資詐欺だとわかるのでしょうか。まず、図のような言葉が出たら信じないこと。利益が確実にあると誤解させる情報提供は「金融商品取引法」という法律で禁止されています。また「今だけ」など特別感を演出する勧誘も信じないで。借金をさせる業者もアウト。契約前は必ずその業者が金融商品取引業者の登録を受けているかや怪しい業者リストに載っていないか、金融庁のHPで確認しましょう。わからないときは、消費者ホットライン（188）や「金融サービス利用者相談室」（0570-016811）で相談できます。

02

リスク許容度を超えた投資をしない

リスクっていうのは「どれくらい上がるか、下がるかの不確実性の大きさ」だったよね。許容度って何だろう。

2限目の「ローリスク・ローリターンってどういう意味?」(P70)で学んだように、投資におけるリスクとは「将来の不確実性」を指します。投資をするときに大事なのは「投資した金額がどのくらい変動する可能性があるか」「最大に減ったときに自分が受け入れられるか」を理解しておくことです。自分が受け入れられるリスク度合い「リスク許容度」を超えた投資は、ドキドキしながら運用することになるのでおすすめできません。

Q 投資をドキドキしないで長期的に続けるために大事なことは次のうちのどれ?

① 毎日の市場ニュースに神経を張り巡らすこと
② 短期的なリターンにこだわること
③ リスク許容度を超えないよう分散投資を行うこと

ニュースを見ることは大切だけど、あまり神経質にならず、長期的に資産を育てる意識と分散投資をすることが大事です。答えは③ですね。

リスク許容度の考え方と資産配分の例

リスク許容度の考え方

	低	リスク許容度 2	高
	1	2	3
年収	少ない	→	多い
貯蓄	少ない	→	多い
年齢	20代	→	60代以上
投資経験	少ない	→	多い
リスクを受け入れられる割合	1割	3割	5割

リスク許容度別資産配分の例

株式　債券　その他

リスク許容度1

リスク許容度2

リスク許容度3

　投資を続けていれば、一時的に資産の減る時期が何度もやってきます。この損失をどのくらい受け入れられるかを示した度合いを「リスク許容度」といいます。リスク許容度を超えた投資をしてしまうと、常に「損していないか」などドキドキしたり、大きく減ったときにショックで投資をやめてしまうこともあるので、注意が必要です。

　リスク許容度は、「どんな風に働いているか」「貯蓄はあるのか」「養う家族はいるのか」「リタイアまでどのくらいあるのか」「近い将来使うお金はどのくらいあるのか」など、環境によって異なります。また、性格や価値観によっても「受け入れられる損失の割合」は異なります。損したくないという人に投資は向きません。

　上の図ではリスク許容度を3つに分けて資産配分の例を示しました。株式の割合を多くするとリスクは高まるため、一時的な損失なら我慢できるという人は「3」のようにしてもよいでしょう。収入が少なく、損失が怖くて受け入れられる割合は1割程度という人は、「1」のように債券を多めにすると値動きの幅を小さくできます。もちろん、これはあくまで目安です。

　また、運用を続けると相場によって運用資産の配分は変化しますし、積み立てていれば運用資産も大きくなります。生活環境が変われば、受け入れられるリスクも変わります。なので、数年に一度は資産状況を確認して、資産配分の見直し（リバランス）をするのがよいでしょう。

18歳から投資をすると
どうなるかイメージしよう

もし今から投資を始めたら、どのくらいの
お金をつくれるのか知っておきたいな。

投資を始めるのは勇気がいることです。なぜなら、手元に置いておけば金額自体は1円も減らないお金も、投資すれば時期によって目減りすることもあるから。
とはいえ、世の中の経済に投資を通して加われば、投資先の成長を支えられたり、自分の資産を大きくすることもできます。投資をするかは個人の自由ですが、資産形成の一つとして挑戦してみるのもおすすめです。ここでは、18歳から始めた場合の効果をシミュレーションしてみましょう。

Q 18歳から月2,000円の積立を始めた。
65歳まで続けたら、元本は112万8,000円。
平均利回り5％で運用できたとして65歳時点
での資産はいくらになる？

❶239万円　　❷339万円　　❸439万円

月2,000円ならバイト代から出せるな。
小さな金額でも大きくできる可能性が
あるんだね。いくらになるんだろう。

解説

投資を早い時期に始めるメリット

長い時間をかけて
運用できるから
複利効果を大きくできる

世の中の経済について
理解が深まる

無駄遣いが減り、
お金を有意義に使えるようになる

色々な業界や企業について
興味を持てる

将来への不安が
軽減する

お金の知識が身につき、
投資詐欺に遭うことを避けられる

　投資には色々ありますが、鉄則の一つは「必要な現金を手元に残しておくこと」。まだ貯蓄が少ない18歳の場合は、いきなり万単位の一括投資より毎月の余剰資金から少額で積み立てるのが現実的でしょう。クイズのように、バイト代から出せる2,000円くらいの金額を毎月積み立て続けて平均利回りが5%だった場合、47年後にはなんと3倍以上の「439万円」になります[※]。なのでクイズの答えは③です。もちろん、47年後にならないと結果的に平均利回りがくらになるのかはわかりませんが、一度外食すればなくなるたった2,000円でも、積み重なればこれほど大きく育つ可能性があるとわかれば「やってみよう」と思う人は多いのではないでしょうか。

　投資を早い時期から始めると、様々なメリットがあります。何より運用に長い時間をかけられるので複利効果が大きくなり、遅く始めた人に比べて資産を大きく育てられる可能性は高まります。また、自分で稼いだ大切なお金で投資するため、投資を始めるときに経済や企業、投資手段などについてリサーチしますよね。お金の知識も身につくため、「ローリスク・ハイリターンで安全な投資」「月利10%」といったありえないフレーズに惑わされ、投資詐欺に遭うことも避けられます。また、もし企業型DC（P196参照）のある会社に入ったとしても、内容を理解して不安にならずに投資先が選べますね。

※本シミュレーションは手数料・税金などを考慮しておらず計算結果は実際の結果と異なる場合がある。
　将来の成果を約束するものではない

次に18歳から積立投資をするとどうなるかをイメージしてみましょう。WEB検索で「つみたて　試算」と入れると、金融庁をはじめ色々な企業の試算サイトが出てきますが、ここでは電卓を叩けば試算できる便利な係数を教えますね。

積立投資の試算に便利な年金終価係数

年金終価係数（1年複利）　いくらになるか＝毎月の積立額×12×年金終価係数

	1%	3%	5%	7%
10年後（28歳）	10.462	11.464	12.578	13.816
15年後（33歳）	16.097	18.599	21.579	25.129
20年後（38歳）	22.019	26.870	33.066	40.995
30年後（48歳）	34.785	47.575	66.439	94.461
40年後（58歳）	48.886	75.401	120.800	199.635
50年後（68歳）	64.463	112.797	209.348	406.529

端数処理など詳細は各金融機関によって異なる場合がある

一定期間、同じ利率で同じ金額を複利運用で積立したとき、いくらになるかを簡単に計算できる魔法の数字「年金終価係数」を使います。毎月の積立額に12をかけて出した年間積立額に、上の表で「目標とする年平均利回り」と「いくらになるか知りたい時期」が重なるところの係数をかけます。たとえば毎月5,000円を目標年5％の利回りで積立した場合15年後にいくらになるか計算しましょう。

いくらになるか＝5,000円×12×21.579＝1,294,740円

元本90万円が約40万円増えて約「130万円」に！ 18歳の15年後は33歳。結婚や転職など人生の転機となるイベントがあるかもしれません。コツコツ積み立ててきた130万円が人生の選択肢を増やす助けになりそうです。もし40年間続けたらどうなるでしょう。

いくらになるか＝5,000円×12×120.800＝7,248,000円

240万円がなんと「724万円」以上になるかもしれないのです。58歳の自分を想像してみてください。たった5,000円から育ったこのお金を手にしたら嬉しくなりそうですね。

WEB上で試算するときは金融庁HPがおすすめですが、最大30年までしか試算できない仕様のようです。年金終価係数で算出でき

期待リターンの参考値と求め方

各資産別の期待リターン参考値[※]

国内債券	外国債券	国内株式	外国株式
0.7%	2.6%	5.6%	7.2%

資産を組み合わせたときの期待リターンの求め方

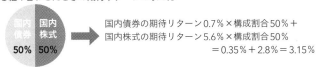

国内債券の期待リターン0.7％×構成割合50％＋
国内株式の期待リターン5.6％×構成割合50％
＝0.35％＋2.8％＝3.15％

※参考　年金積立金管理運用独立行政法人「基本ポートフォリオの変更について（詳細）」
https://www.gpif.go.jp/topics/Adoption%20of%20New%20Policy%20Portfolio_Jp_details.pdf

た金額は、金融庁HPでの結果より少なめに見積もられますが、イメージを持つには十分でしょう。また、楽天証券が提供する「積立かんたんシミュレーション」サイト[※1]では、過去の運用実績（3年のトータルリターン）が、目標とするリターン率以上の銘柄を検索できる機能もついていてより実践的。つみたてNISA銘柄だけを表示させる設定にすれば、コストが低い投資信託を効率的に探せます。

しかし、目標とする「想定利回り（年率）」や「リターン」は何％にすればよいのか、最初はピンとこないものです。そこで、私たちの年金のための「219兆円超」という膨大な積立金を運用する公的機関「GPIF(年金積立金管理運用独立行政法人)」の実績を参考にしてみましょう。

GPIFでは、国民から預かった大切なお金を運用するために、現在は国内株式・外国株式・国内債券・外国債券へそれぞれ約25％ずつ分散投資しており、その結果2001年度〜2023年第1四半期まで（過去22年間）の運用実績は年率3.97％[※2]だったそうです。

また、各資産の期待リターンを使えば、資産を組み合わせたときの全体の期待リターンも計算できます。たとえば上の図のように、国内株式と国内債券を半分ずつ組み合わせて積み立てる場合は、それぞれの期待リターンに構成割合をかけて加算します。自分で計算してみて、目標の想定利回りの参考にしてみましょう。

※1出典　楽天証券「積立かんたんシミュレーション」
https://www.rakuten-sec.co.jp/web/fund/saving/simulation/
※2出典　年金積立金管理運用独立行政法人「2023年度の運用状況」
https://www.gpif.go.jp/operation/the-latest-results.html

「稼ぐ・使う・貯める・増やす」
トータルで考える

すごくお金を増やせるようになった気がする！
これからの人生、お金と上手に
付き合っていきたいな。

今までお話ししたことをまとめますね。「人生100年時代」といわれますが、ある海外の研究では「日本で2007年に生まれた人の2人に1人は107歳より長く生きる」といわれています[※]。長く生きればその分やりたいことに挑戦して色々な経験もできる一方、生活のために多大なお金が必要になります。資産形成には、投資の知識だけでなく働いて稼ぐことや貯めて増やすこと、また上手に使うスキルも求められるのです。

Q 100年もの人生をより楽しく過ごすために
大事なことは？

❶ 学びの精神を忘れない
❷ 無駄なコストを抑えて意義あることにお金を使う
❸ 友だち・家族を大事にする
❹ 経済的に困ることのないようライフプランを立てる

これは簡単。答えは全部だね！

簡単でしたね、正解！

※出典　Human Mortality Database, U.C. Berkeley(USA) and Max Planck Institute for Demographic Research(Germany)
https://www.mortality.org/

資産形成に必要な4つの力

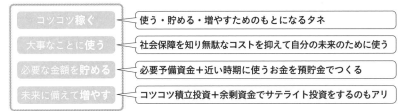

コツコツ稼ぐ — 使う・貯める・増やすためのもとになるタネ

大事なことに使う — 社会保障を知り無駄なコストを抑えて自分の未来のために使う

必要な金額を貯める — 必要予備資金＋近い時期に使うお金を預貯金でつくる

未来に備えて増やす — コツコツ積立投資＋余剰資金でサテライト投資をするのもアリ

　長い人生を楽しく過ごすためにやはりお金は必要です。そのお金は今後自分で仕事をして得るものですが、今やそのスタイルも1つの会社に留まらず自由に選び変えられる時代になりました。その一方、今後の収入が読めず不安を抱える人も増えたように感じます。

　その不安を軽減するために必要なのが、次の4つの力です。これらをトータルで鍛えれば、人生の選択肢も増やせるようになるでしょう。

・稼ぐ力＝知識やスキルを身につけてしなやかに働きましょう
・使う力＝未来のために大事なことに使いましょう
・貯める力＝無駄遣いを減らしやりくりして貯めましょう
・増やす力＝金融商品を使ってよりかしこく成長させましょう

　色々なことに興味を持って学び、多くの人と出会い多様な価値観に触れるほど稼ぎ力アップにつながります。なので、学びや人との出会いにはどんどんお金を使うべし。また、使えるお金を増やすために大切なのが無駄なコストを抑える意識です。余分な保険も、国や会社が保障してくれる範囲を知ればカットできます（P42参照）。

　必要予備資金や近い時期に使うお金をP53で学んだ先取り貯蓄で貯めて、未来に備えて投資もできるとより安心。投資は積立投資をベースに、余剰資金があればリスク許容度に応じて株式投資などリスクが高めなものにサテライト的に挑戦するのも一手ですよ。

　私が18歳のとき、世の中はちょうどバブルが崩壊した頃でした。1989年12月29日に「38,915.87円」という最高値をつけた日経平均株価はその後急速に落ちていき、1992年には最高値のほぼ半値に。そして2003年4月には「7,607円」にまで下落したのです。

　当時、経済に興味のなかった私は、ニュースで「バブル崩壊」「株価下落」と聞くものの、その重大性を全く理解していませんでした。バブル崩壊で持っていた資産の多くを失った親から言われた「投資なんて絶対にダメ」という言葉をしばらく信じていたものです。

　皆さんが生まれたのは、その後に続いた長い長いデフレ経済の真っ只中。ものの価格は安くなった一方給与は増えず、失業率も高い水準。アメリカ同時多発テロ（2001年）にリーマンショック（2008年）、東日本大震災（2011年）と続き株価はなかなか上がらず、ようやくアベノミクス（第2次安倍晋三内閣の掲げた経済政策）によって経済が上向いていきました。その後はコロナショックで一時的に大きく株価は下がりましたが、2023年8月4日の終値は「32,192.75円」と34年前と同じ水準になっています。ようやく私の18歳の頃まで戻った日本経済が、これからどうなっていくかはわかりませんが、世の中の経済を回すべく投資を続けながら見守っていこうと思います。

　お金の知識をほとんど得ることなく社会に出た私は、ライフプランを考えることもなくただ欲望のままにお金を使い、不安を先送りにし、何とかなるだろうと、貯金も積立投資もせず、キャリアアップのための勉強もしませんでした。不安だけが膨れ上がる中で出会ったのが、ファイナンシャルプランナーの勉強だったのです。ライフイベント表に出会い、未来を考える大切さを知りました。貯金と投資を勉強し、自分や家族のためにお金を備える仕組みをつくれ

ました。新卒で働いたときは、何も考えず目の前の仕事をやっつけていましたが、今は少しでも仕事を長く続けられるよう学びを忘れず、人脈を広げ、健康に気を遣っています。趣味は思い切り楽しみたくて、オンとオフを切り替えながら人生を楽しんでいます。

　私のお金にまつわる過去は失敗だらけ。でも失敗をしたからこそ、今の楽しい人生があります。お金がすべてとも思わなくなり、欲望から解放されました。お金がすべてと思っていると「手っ取り早くお金を増やしたい」「あいつより金持ちになりたい」などと考え、ギャンブルやFX、仮想通貨のような投機的手段に走ったり、投資詐欺に引っかかったりするのです。大きくお金を減らさないようにすることや騙されないようにすることが、投資以前に大切なこと。それを私はわかっていなかったのです。

　私が学んだたくさんの資産形成の手段と国の社会保障のこと、適切に備えて使いながらお金を増やす方法を「あぁ、18歳の自分に教えたい、あの頃からもう少しコツコツ積立していたら……」と何度思ったことか。そんな思いをこの本にすべて込めました。
　皆さんにはフレキシブルに、しなやかに、そのときの自分の環境や価値観に合わせて人生の色々な選択をしていける人になってほしいです。投資も人生も自分次第。この本の学びが、皆さんのこれからの人生の一助になればとても嬉しいです。

ファイナンシャルプランナー
鈴木さや子

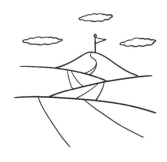

数字・アルファベット

126の法則　　96
72の法則　　75
ETF　　168
FX　　65,67
iDeCo　　178,192
IPO投資　　114
NISA　　178,182
PBR　　113
PER　　113
ROE　　113

あ行

アクティブ運用　　155
アクティブファンド　　155
アセット・アロケーション　136
後場　　100
暗号資産　　68
安全資産　　137
一括投資　　78
一般NISA　　182
一般口座　　90
医療費控除　　56
インサイダー取引　　108
陰線　　105
インデックスファンド　　155
上ヒゲ　　105
円貨決済　　117
オークション方式　　100
終値　　104

か行

海外金利　　135
外貨決済　　117
外貨建て債券　　141

外国債券　　139,141
価格変動リスク　　132
価格優先の原則　　100
格付け　　131
額面金額　　129
掛金　　193
可処分所得　　56
株価収益率　　113
株価純資産倍率　　113
株価チャート　　104
株式市場　　99
株式投資　　98
株主優待　　100,106
為替差益　　128
為替リスク　　133
カントリーリスク　　141
元本払戻金　　163
企業型確定拠出年金　　196
議決権　　99
基準価額　　156,157
既発債　　132
キャッシュフロー表　　36
金投資　　57,65,66
金融サービス利用者相談室　211
権利確定日　　107
権利付き最終日　　107
公開価格　　114
高額療養費　　29
公的年金　　38
公的年金等控除　　194
公的保障　　43
交付目論見書　　165
国債　　127
個人向け国債　　138
固定費　　19

個別元本　　162

さ行

債券投資　　126
最低保証金利　　140
指値買い　　168
指値注文　　101
時間優先の原則　　100
自己資本比率　　121
自己資本利益率　　113
市場指数　　165
地震保険料控除　　56
下ヒゲ　　105
実質利回り　　72
私的保障　　43
自動移換　　199
シャープ・レシオ　　173
社会保険　　43,44
社債　　139
週足　　105
住宅ローン控除　　57
受託会社　　150
償還期限　　129
償還差益　　128
証券取引所　　99
消費者ホットライン　　210
傷病手当金　　39
新NISA　　186
新規株式公開　　114
信託財産留保額　　151
信託報酬　　84,85
新発債　　129
新窓販国債　　139
信用リスク　　131
スクリーニング　　118

ストップ高	115	年金終価係数	216	民間保険	43
ストップ安	117	年利回り	73	目論見書	115
生活予備資金	38	ノーロードファンド	148,151		
請求目論見書	165				
成長投資枠	187	**は行**		**や行**	
政府保証債	139	売却益	156	役職定年	25
生命保険料控除	56	配当金	99	安値	105
ゼロクーポン債	128	売買益	128	陽線	105
損益通算	90	始値	104		
損切り	124	パッシブ運用	155	**ら行**	
退職所得控除	194	初値	115	ライフイベント表	12
		バランス型	153	リスク	40,70,212
た行		日足	105	リスク許容度	212
高値	105	非課税	178,180	リターン	70
単元株数	102	ヒゲ	105	利回り	72
単元未満株	103	標準偏差	71	流動性リスク	133
単利	74	賦課方式	31	利率	72
地方債	139	複利	74	るいとう	103
つみたてNISA	182	普通分配金	163	ローソク足	105
積立投資	78	物価連動国債	139		
積立投資の試算	216	扶養控除	89	**わ行**	
つみたて投資枠	187	ブラインド方式	157	わたし資産	208
定年退職	24	ブロックチェーン	69	割安	110
投機	119	分配金	156		
投資詐欺	210	平均リターン	71		
投資信託	148	ベンチマーク	155		
騰落率	173	変動費	19		
特定口座	90	変動利付国債	139		
特別分配金	163	ポイント投資	146		
		ポータビリティ	199		
な行					
成行注文	101	**ま行**			
日経平均株価	98	前場	100		
年換算リターン	173	マッチング拠出	198		
年間取引報告書	91	ミニ株	103		

鈴木さや子（すずき・さやこ）

株式会社ライフヴェーラ代表。CFP®認定者、1級FP技能士、キャリアコンサルタント（国家資格）。
生活に役立つお金の知識を、セミナーやメディアを通じて情報発信。専門は教育費・保険・マネー＆キャリア教育、確定拠出年金。企業講演のほか、小・中学校や自治体等の講演やワークショップなど、保護者や親子向けイベントも行う。高校生・大学生の母。

監修協力	尾上堅視
装丁／本文デザイン	喜來詩織（エントツ）
イラスト	山口歩
DTP	エヴリ・シンク

18歳からはじめる投資の学校

解きながら身につける！
知っておきたい投資の基本＆お金の常識

2023年11月15日　初版第1刷発行

著　者	鈴木さや子
発行人	佐々木幹夫
発行所	株式会社翔泳社
	https://www.shoeisha.co.jp/
印刷・製本	株式会社ワコー

ISBN978-4-7981-8115-8　　Printed in Japan